한나 아렌트,
난민이 되다

탐 철학 소설 43

한나 아렌트, 난민이 되다

초판 인쇄	2022년 6월 15일
초판 발행	2022년 6월 24일
지은이	황은덕
편집	김세희, 심상진
마케팅	강백산, 강지연
디자인	이정화
표지 일러스트	박근용
펴낸이	이재일
펴낸곳	토토북

주소 04034 서울시 마포구 양화로11길 18 3층 (서교동, 원오빌딩)
전화 02-332-6255 | 팩스 02-332-6286
홈페이지 www.totobook.com | 전자우편 totobooks@hanmail.net
출판등록 2002년 5월 30일 제10-2394호
ISBN 978-89-6496-474-3
ISBN 978-89-6496-136-0 44100 (세트)

● 이 책의 사용 연령은 14세 이상입니다.
● 탐은 토토북의 청소년 출판 전문 브랜드입니다.

한나 아렌트,
난민이 되다

황은덕
지음

43

탐
철학
소설

탐

차례

20세기 저명한 정치 사상가인 한나 아렌트에 대해 제가 관심을 갖게 된 건 약 10년 전입니다. 그 무렵 한나 아렌트와 마르틴 하이데거의 사랑과 철학 이야기를 다룬 책을 번역했습니다. 그때까지만 해도 아렌트에 대해서는 그가 저작에서 제시한 '악의 평범성' 개념 정도만 알고 있었습니다. 번역을 하면서 아렌트의 다른 책들을 접했고 그 사상에 깊이 공감했습니다.

무엇보다도 아렌트가 18년 동안이나 무국적 난민이었다는 사실과, 그 사실이 아렌트 사상의 밑바탕이 되었다는 점이 인상적이었습니다. 아렌트가 《전체주의의 기원》을 집필한 것도 유대인 난민으로서의 자각이 하나의 계기가 되었습니다. 20세기 초 유럽을 휩쓴 전체주의 체제는 과연 어디에서 비롯되었을까, 유대인들은 왜 유독 핍박을 받았을까, 그 역사적 기원을 파헤치고 싶었던 겁니다. 당시 유럽 사회에서 '유대인'이라는 말은 차별과 배제를 의미했습니다. 사회적 소수자를 지칭하는 용어였습니다.

《전체주의의 기원》제9장에 이런 문장이 나옵니다.

"고향을 떠났더니 고향 없는 사람이 되었고, 국가를 떠났더니 국가 없는 사람이 되었으며, 인권을 한번 박탈당하고 났더니 그때부터는 아무 권리가 없는 사람, 곧 지구의 쓰레기가 되었다."

'아무 권리가 없는 사람, 곧 지구의 쓰레기'라는 강한 표현은 아렌트가 스스로를 지칭하는 말입니다. 무국적자, 난민, 피난민, 소수 민족 등은 인권을 박탈당해 아무 권리가 없는 사람들이라고 아렌트는 말합니다. 인권은 천부적이라는 인권 선언과는 달리, 인권이 소수자에게 아무런 권리를 보장해 주지 않는 현실을 아렌트는 뼈아프게 지적했습니다.

제가 그랬듯이 대다수의 사람들은 한나 아렌트 하면 '악의 평범성'을 떠올릴 것입니다. 악의 평범성은 사유하는 능력을 갖지 못하면 평범한 사람이라 할지라도 악을 저지를 수 있다고 경고하는 개념입니다. 아렌트가 《예루살렘의 아이히만》에서 다룬 내용입니다. 이 책에서 아렌트는 수백만 명의 유대인을 학살한 아돌프 아이히만이 괴물이나 악마 같은 특별한 유형의 인간이 아니라고 말합니다. 특별하기는커녕 상관의 지시를 근면하게 수행한 평범한 관료라고 했습니다. 그런데 무엇이 아이히만을 유대인 학살의 주범으로 만들었을까요?

아렌트는 아이히만이 세 가지 능력을 갖지 못했다고 말합니다. 언어를 통해 의견을 주고받는 '말하는 능력', 스스로 생각하고 비판적으로 사고하는 '사유하는 능력', 그리고 다른 사람의 입장에서 생각하는 '공감하는 능력'입니다. 아이히만은 이 능력들을 갖추지 못한 채 자신이 무슨 일을 하는지도 모르고 상부의 명령을 그저 효율적으로 수행한 것입니다. 그 명령이 유대인 학살이라는 끔찍한 범죄였는데도 말이죠. 이렇듯 평범한 사람들의 무사유(사유하지 않는 상태)가 악을 초래할 수 있다는 뜻이 '악의 평범성'이라는 말에 담겨 있습니다.

아렌트는 다른 책들에서도 사유하고, 판단하고, (언어를 통해 의견을 주고받는) 말하는 능력을 강조했습니다. 예를 들어 《인간의 조건》에서 아렌트는 차이를 지닌 동등한 사람들이 이 세상을 살아가는 상황을 '복수성(plurality)'이라는 말로 설명합니다. 그리고 이것을 '인간의 조건' 중 하나라고 강조했습니다. 그러니까 차이를 지닌 사람들이 동등한 권리를 갖고 함께 살아가는 세상이 바로 인간의 근본 조건 중 하나입니다.

그렇다면 각자의 다른 입장과 의견, 즉 차이는 어떻게 조율해야 할까요?

아렌트는 '행위'를 해야 한다고 말합니다.

행위란 동등한 사람들이 토론과 논의를 통해 서로의 입장과 의견을 조율하는 과정입니다. 아렌트가 의미하는 행위는 정치 행위를 말합니다. 서로의 차이를 좁히기 위해 의견을 주고받는 과정이 (정치) 행위입니다. 아렌트는 정치(politics)의 어원인 폴리스(polis)에 주목했습니다. 고대 그리스의 폴리스에서는 동등한 시민들이 다 함께 공개적인 장소에서 언어를 사용하여 각자의 의견을 조정하는 과정을 가졌기 때문입니다.

하지만 차이를 지닌 사람들이 동등한 권리를 갖는 건 오늘날에도 여전히 어렵습니다.

인간에게 주어진 근본 조건 중 하나인데도 그렇습니다. 차이는 종종 차별과 배제를 불러옵니다. 혐오와 낙인을 만들어 냅니다. 아렌트가 《전체주의의 기원》에서 언급한 '무국적자, 난민, 피난민, 소수 민족'은 21세기인 오늘날에도 여전히 지구상의 소수자로 살아가고 있습니다. 만약 아렌트가 살아 있다면 여전히 인간으로서의 권리를 누리지 못하는 이들을 보고 슬퍼하고 분노할 것 같습니다.

지난 2018년 한국 사회는 '제주 예멘 난민 사태'를 겪었습니다. 제주국제공항에 예멘인 약 500여 명이 입국한 이후 난민 수용을 둘러싸고 우리 국민들 사이에서 거센 찬반 논쟁이 벌어진 겁니다. 난민 수용을 반대하는 '청와대 국민청원'에 동의한 사람이 71만 명을 넘겼고, 난민 반대 시위가 도심지에서 벌어졌습니다.

당시 우리 사회가 처음으로 다수의 이슬람 문화권 난민 신청자들과 만났으니 논쟁이 일어난 게 당연합니다. 그동안 우리는 이슬람교도와 난민 신청자, 둘 다에 대해 진지하게 생각해 볼 기회가 없었으니까요.

그런데 같은 해인 2018년에 아주중학교 학생들에 관한 놀라운 이야기를 신문 기사에서 접했습니다. 이란 출신의 중학생이 '난민 불인정 결정' 판결을 받자 같은 반 친구들이 그 친구를 위해 발 벗고 나섰다는 소식이었습니다. 교실에서 법원 판결문을 꼼꼼히 읽고 토론하고, 거리로 나가서 손 피켓을 들고 시위했다는 중학생들의 활동 소식을 접하고 저는 큰 감명을 받았습니다.

비슷한 시기에 우연히 인도적 체류 허가[1]를 받은 제주의 예멘인 아이들을 만나게 되었습니다. 2018년 당시 제주도에서 난민 신청을 한 예멘인 중에서 난민으로 인정된 사람은 단 두 명입니다. 인도적 체류 허가를 받은 이들이 412명, 단순 불인정 56명, 기타 14명입니다. 제가 만난 청소년과 아이들도 당시에 인도적 체류 허가를 받았습니다.

제주도의 예멘인 아이들과 교류하면서 생각과 고민이 많아졌습니다. 한나 아렌트의 사상을 다시 들여다봤고 이슬람 문화에 대해 공부했습니다. 이 책에는 아마도 제 고민의 일부가 담겨 있을 것입니다.

이 철학 소설에 등장하는 미래중학교 2학년 3반 아이들은 아렌트가 의미하는 (정치) 행위를 실천한 용감한 청소년들입니다. 아이들은 대화를 통해 각자의 의견을 나누고, 기꺼이 타인의 입장에 관해 생각합니다. 아이들은 사유하고, 말하고, 공감하면서 아렌트가 의미한 (정치) 행위를 실천합니다.

아렌트가 그러했듯이 이 소설에 등장하는 난민 소녀도 우리가 일방적으로 시혜를 베풀어야 할 수동적 존재가 아닙니다. 우리 모두는 동등한 권리를 가진 사람들입니다. 동등하지만 차이를 지닌 사람들입니다. 차이가 차별이 되지 않는 세상을 꿈꾸어 봅니다.

지금 이 순간에도 박해의 공포를 피해 필사적으로 고향을 탈출하는 수많은 아렌트들을 생각합니다.

황은덕

[1] 인도적 체류 허가는 난민법상 난민 인정 요건을 충족하지 못하지만 본국으로 강제 추방 될 경우 생명과 신체에 위협을 받을 위험이 있어서 인도적 차원에서 임시로 체류를 허용하는 제도를 말한다. '인도적 체류 허가'를 받은 사람들에게 인도적 체류 허가증(G-1)이 발행된다. 유엔난민기구(UNHCR)는 내전이 발생한 예멘 출신의 사람에 대해 인도주의적 보호를 제공할 것을 각 나라에 권고하고 있다. 한국의 인도적 체류 허가 기간은 1년이다. 1년 후 재심사를 통해 체류 기간을 연장할 수 있다. 재심사에 통과하지 못하면 출국 조치 된다.

작년 한 해를 돌아보다

중학교 3학년, 새 학년이 시작된 첫날이었다.

학교 교문을 통과한 우정이가 갈림길에서 걸음을 멈췄다. 이대로 직진하면 본관의 3학년 교실에 도착할 테고, 샛길로 접어들면 느티나무에 가 닿을 것이었다.

사방이 조용했다. 학교에 너무 일찍 도착했기 때문이었다.

우정이는 샛길로 발걸음을 옮겼다. 느티나무가 변함없이 거기 있었다.

수령이 100년도 넘은 느티나무는 아이 둘이 양팔을 벌려 껴안아도 모자랄 만큼 둥치가 굵었다. 위풍당당한 고목은 꽤나 유명했다. 인터넷에서 '은산 미래중학교'라고 검색하면 '100년 느티나무'가 연관 검색어로 따라왔다.

우정이는 느티나무 아래의 벤치에 엉덩이를 걸쳤다. 고개를 젖히니 어지럽게 뻗은 나뭇가지들이 보였다. 새순은 아직 눈에 띄지 않았다. 앙상한 가지들 사이로 찬바람이 휘이잉 불었다. 3월인데도 아침 바람이 차가웠다.

벤치에 앉으니 자동으로 2학년 3반 친구들이 떠올랐다. 틈만 나면 서로 참견하고 놀려 대는 장난스러운 얼굴들이 눈앞에 그려졌다.

작년에 우정이는 2학년 3반 친구들과 잊지 못할 한 해를 보냈다. 우정이는 얼마전에 친구들과 나눈 대화를 머릿속으로 떠올렸다.

"요란했지."

민지는 한 해의 경험을 이렇게 네 글자로 요약했다.

"성장하는 계기가 됐어."

진우가 무심코 말하자 아이들이 우우 야유를 보냈다.

"아, 엄마랑 아빠한테 써먹던 멘트야."

작년에 진우는 난생처음 청와대 국민청원에 글을 올렸다. 중학생이 웬 국민청원이냐며 반대한 부모님을 설득하기 위해 진우는 다양한 멘트를 사용했다.

"우정이 뭔지 알게 됐어."

이 말을 한 건 우정이었다. 민지가 즉각 반응했다.

"헐! 얘들아. 정우정이가 우정이 뭔지 알게 됐대."

아이들이 킥킥댔다.

"친구들, 좋아!"

라일라가 엄지를 치켜세우며 말했다. 라일라의 한국어 발음은 나날이 자연스러워졌다. 이젠 말투나 억양이 크게 어색하지 않았다.

"오, 나의 사랑스러운 제자들아!"

담임은 입버릇처럼 이 말을 했다. 작년에 연극 공연이 끝난 후에도 감격에 겨워 이렇게 말했다. 양팔을 벌려 아이들의 어깨를 감싸던 담임의 표정이 잊히지 않는다.

생각에 잠겼던 우정이가 고개를 젖히고 느티나무를 올려다보았다. 우정이가 콧구멍을 벌렁거렸다. 공기 중에서 향긋한 냄새가 났다. 발밑을 보니 쌀알 크기의 이파리들이 돋아 있었다. 지금 당장 눈에 보이진 않지만 봄을 기다려 온 생명체들이 있다는 걸 알 수 있었다.

"야! 여기서 뭐 해?"

우렁찬 목소리에 돌아보니 으뜸이었다.

"놀랐잖아!"

"아침부터 왜 여기서 정신이 나가 있냐?"

으뜸이가 책가방을 내려놓고 벤치에 털썩 주저앉았다.

"그러는 넌, 왜 이리로 왔어?"

"몰라. 발이 저절로 이리로 와."

"그래…… 그렇지?"

으뜸이가 하늘을 올려다봤다.

"김으뜸! 너 요즘도 일찍 일어나?"

"응."

작년에 가장 많이 변한 사람은 누가 뭐래도 으뜸이었다. 누가 시키지도 않았는데 이렇게 일찍 등교한 것만 봐도 그랬다.

원래 으뜸이는 휴대폰 알람이 몇 번 울린 후 엄마가 방으로 쳐들어와 이불을 확 젖힐 때까지 침대에서 뭉그적거렸다. 주변에서 가장 많이 듣는 말은 '빨리빨리 움직여!' 또는 '생각 좀 하고 살아!'였다.

그러던 으뜸이가 변한 건 연극 공연 때문이었다.

날마다 변해 가는 으뜸이를 보고 엄마는 '오래 살고 볼 일'이라고 했다. 아빠는 '경천동지할 사건'이라고 평했다. 집을 떠나서 기숙 고등학교에 다니는 형은 눈으로 직접 확인하기 전에는 믿지 못하겠다고 말했다.

"으뜸이가 책을…… 읽는다고요?"

형이 놀랄 만했다. 으뜸이는 마치 유해 물질인 양 책을 멀리해 왔다. 그런데 연극을 하면서부터 자발적으로 책을 찾아서 읽었다.

"대사 제대로 외우려면 배경지식이 있어야 하니까."

언젠가 으뜸이는 독서를 하게 된 변명(?)을 이렇게 했다.

"상대역도 알아야 하잖아."

으뜸이의 상대역은 무려 한나 아렌트였다.

작년 3월만 해도 으뜸이는 한나 아렌트가 누군지 몰랐다. 우정이를 제외한 다른 아이들도 마찬가지였다. 한나 아렌트를 주인공으로 한 연극을 하리라고는 그 누구도 예상하지 못했다.

연극을 준비하면서 으뜸이는 친구들과 거의 매일 한나 아렌트에 대해 이야기를 나눴다. 대화 중에 모르는 내용이 나오면 검색을 했다. 그럴수록 궁금한 게 많아졌고 나중에는 그래픽 노블과 단행본까지 챙겨 읽었다. 그러자 어느 순간 놀랍게도 상대역인 '한나'가 또래 친구처럼 여겨졌다.

으뜸이에게 메모하는 습관도 새로 생겼다. 대사를 외우려고 휴대폰 메모장을 사용한 게 시작이었다. 발음을 자연스럽게 하려고 문장을 고치다 보면 새로운 대사가 머릿속에 떠올랐다. 그러면 역사적 사실을 확인하기 위해 다시 정보를 검색하고 자료를 찾았다.

갈림길에서 이쪽으로 걸어오는 아이들이 보였다. 민지, 찬희, 라일라가 벤치로 다가왔다.

"안녕!"

라일라가 반갑게 손을 흔들었다.

"뭐야? 뭐야?"

"너희 여기서 뭐 해?"

찬희와 민지가 차례로 물었다.

"보면 모르냐? 아무것도 안 해."

퉁명스러운 말투와는 달리 으뜸이의 얼굴에 미소가 번졌다.

찬희가 벤치 옆에서 양팔을 뻗은 후에 허리를 숙였다 폈다 했다. 늘 하던 대로 몸풀기 체조를 하려는 거였다.

민지가 아이들을 둘러보며 말했다.

"오랜만에 봉사부가 다 모였네. 라일라, 행정 소송 결과는 아직 안 나왔지?"

라일라가 고개를 흔들었다.

"아직."

"최선을 다했으니까 기다려 보자."

으뜸이가 라일라를 돌아보았다.

"라일라, 걱정하지 마."

으뜸이가 부드럽게 말하자 찬희가 인상을 팍 썼다.

"아, 놔. 김으뜸, 이러는 거 적응이 안 돼."

"왜?"

"너 원래 이런 캐릭터 아니었잖아."

"캐릭터 업그레이드했다. 왜, 왜?"

으뜸이와 찬희가 평소처럼 티격태격했다.

"유튜브 연극 영상, 조회 수 꽤 많더라."

찬희가 뿌듯한 표정으로 말했다.

"맞아. 연극 내용 자세히 물어보는 친구들도 많아."

으뜸이도 만족스러운 얼굴이었다.

라일라가 갑자기 벤치에서 일어나 대사를 읊었다.

"난 이제 고향을 떠나야 해. 고국을 떠나 낯선 곳을 떠도는 난민이 되는 거야."

작년의 연극에서 라일라가 했던 대사였다.

"마지막 장면에 나오는 대사였지?"

민지가 라일라에게 물었다.

"응."

다른 아이들도 한마디씩 했다.

"연극했던 게 바로 엊그제 같아."

"시간 너무 빨리 간다."

그때 휴대폰을 확인한 으뜸이가 소리쳤다.

"늦겠다! 가자!"

조회 시간이 가까워지고 있었다. 아이들이 앞서거니 뒤서거니 하며 샛길을 빠져나갔다.

작년 한 해 동안 2학년 3반 아이들은 잊지 못할 경험을 했다. 라일라가 미래중학교에 전학 온 후부터였다. 국민청원이니 연극 공연이니 하는 흥미진진한 일들은 모두 라일라가 미래중학교에 도착한 다음에 시작되었다.

1

새로 온
친구

나는 예멘에서 왔습니다

우정이는 책가방을 메고 허둥지둥 현관문을 나섰다. 하늘은 회색빛이었다. 오늘도 초미세먼지 경보가 떴다. 횡단보도에 아이들이 서 있었다.

배 속에서 꾸르륵 소리가 났다.

"아들! 늦었어! 빨리 일어나!"

엄마가 다급하게 깨웠을 땐 벌써 8시가 지나 있었다. 시리얼에 우유를 부어 마실 시간도 없었다.

횡단보도를 건너자 라일라의 뒷모습이 보였다.

"라일라, 안녕!"

라일라가 뒤돌아봤다. 걸어오느라 양 볼이 발그레했다.

"너, 마스크는?"

우정이가 손가락으로 제 얼굴의 마스크를 가리켰다.

라일라가 아! 하는 표정을 짓더니 책가방을 앞으로 돌려 마스크를 꺼냈다.

　두 사람은 학교 정문으로 향하는 오르막길을 걸었다.

　"야! 정우정!"

　걸걸한 목소리가 뒤에서 들렸다. 투 블록 스타일의 앞머리를 휘날리며 달려온 으뜸이가 앞을 막아섰다. 왕방울처럼 큰 두 눈이 우정이와 라일라를 번갈아 스캔했다.

　"정우정, 너 이 거지새끼랑 벌써 단짝 됐냐? 친구 됐어?"

　당황한 우정이가 얼른 라일라를 쳐다봤다.

　라일라는 마스크를 쓰느라 으뜸이의 말을 제대로 듣지 못했다. 우정이가 으뜸이를 째려보며 속삭였다.

　"하지 마!"

　"뭘?"

　"얘 이름, 라일라."

　"그래. 라일락."

　"라일락 아니고, 라일라!"

　"아, 뭐래? 됐고, 둘이 벌써 단짝 됐냐고?"

　"횡단보도에서 만났어."

　"그래? 홍!"

　으뜸이가 콧방귀를 뀌고 돌아섰다. 으뜸이는 몸집이 크고 목소리가 우렁찼다. 그런데 쉽게 토라졌다. 특히 우정이가 라일라의 '공식 버디'가 된 후로 부쩍 예민하게 굴었다. 우정이가 라일라와 함께 있으면 어디선가 바람처럼 나타나 이것저것 간섭하고 트집을 잡았다.

"야! 지각하겠다!"

으뜸이가 외치며 보란 듯이 두 사람을 앞질러 달려갔다. 아이들은 교문을 지나고 본관 출입구를 거쳐 2층으로 향했다.

우정이는 교실 뒤편의 창가 자리로 가 앉았다. 고개를 왼쪽으로 돌리면 운동장이, 오른쪽으로 돌리면 라일라가 보였다. 라일라가 책가방을 내려놓고 의자를 당겨 앉았다.

몇몇 아이들이 호기심 어린 표정으로 라일라를 돌아보았다. 반 아이들은 여전히 라일라를 낯설어했다.

미래중학교 2학년 3반 교실에 라일라가 나타난 건 며칠 전이었다. 새 학기가 시작되자마자 전학생이 온 것이다. 조회 시간에 담임의 뒤를 따라 교실로 들어선 여자아이를 본 순간, 아이들은 일시 정지 상태가 됐다. 아이들이 다시 웅성거렸다.

담임이 짝짝, 손뼉을 쳤다.

"자자! 오늘부터 우리 반에서 함께 공부할 친구입니다. 이름은 라일라. 우리말로 '밤'이라는 의미예요."

담임이 "밤." 하고 짧게 발음했다.

"낮이 아니고 밤이요?"

누군가 물었다.

"그래요. 낮이 아니고 밤이라는 의미다."

평소 아이들에게 존댓말을 사용하는 담임은 마음이 급할 땐 반말이 튀어나왔다. 아이들이 더 크게 웅성거렸다.

"피부가 까매서 밤인가 봐."

"에이, 또 어디서 온 거야?"

"야, 정우정, 새 여자 친구 왔다."

담임이 다시 짝짝, 손뼉을 쳤다.

"자자, 조용조용!"

아이들의 말소리가 작아졌다.

"라일라는 저 멀리 아라비아반도에 있는 나라, 예멘에서 왔어요. 하지만 우리말로 무리 없이 의사소통을 할 수 있습니다. 모두 새로 온 친구와 사이좋게 지내기를 바랍니다."

담임이 라일라에게 말했다.

"자, 친구들에게 인사하세요."

반 아이들이 조용해졌다. 과연 저 아이의 입에서 어떤 말이 튀어나올까 흥미진진하다는 표정이었다.

"안녕! 내 이름은 라일라입니다. 나는 예멘에서 왔습니다. 만나서 반갑습니다. 사이좋게 지내요!"

"오!"

몇몇 아이들이 감탄했다. 발음과 말투가 어색했지만 완벽한 한국어 문장이었다.

"연습했네, 연습했어."

"영혼이 1도 없다."

인사말에 대한 품평이 이어졌다.

민지가 한 손을 들었다.

"예멘은 지금 내전 중인데, 예멘 어디에서 왔어? 수도, 사나?"

"나는, 예멘, 호데이다에서 왔습니다."

민지가 노트에 도시 이름을 적었다. 나중에 검색해 보려는 거였다.

담임이 우정이를 지목했다.

"정우정! 오늘부터 정우정이 라일라의 공식 버디다."

몇몇 아이들이 짓궂은 표정으로 우우, 소리를 질렀다. "공식 버디? 공식 여자 친구 아니고?" 하며 속삭이는 목소리가 들렸다.

"네!"

우정이가 일부러 씩씩하게 대답했다. 아무렇지도 않은 듯 행동해야 아이들의 놀림이 잦아든다는 걸 경험으로 알고 있었다.

라일라가 교실 뒤편의 빈자리로 갔다.

라일라의 표정은 침착했다. 짙은 쌍꺼풀 속 까만 눈동자가 영리하게 반짝였다. 자리에 앉은 라일라가 책가방에서 필통과 노트를 꺼냈다.

우정이가 라일라를 곁눈질했다. 까무잡잡한 피부색에 곱슬머리를 한 갈래로 묶은 아이. 머릿속에서 상상했던 것과 비슷한 인상이라는 생각이 들었다.

이틀 전 담임은 학년부 교무실로 우정이를 호출했다. 7교시가 끝난 후 우정이는 담임을 찾아갔다. 서류를 읽고 있던 담임은 캔 음료를 가져와 직접 뚜껑을 따서 우정이에게 건넸다.

담임은 새로 올 전학생의 버디가 되어 달라고 말했다. 부탁이 아니라 통보였다. 엄마와는 벌써 통화를 마쳤다고 했다. 담임은 우정이 엄마의 대학 후배였다. 담임의 이야기를 듣고 엄마는 단번에 오케이했을 것이다.

외국인 학생이 전학 오면 우정이는 종종 미래중학교의 공식 버디가 되었다. 이유는 두 가지였다. 하나는 엄마가 쉽게 동의해 주기 때문이고, 다른 하나는 우정이가 '글로벌'한 아파트에서 살고 있어서였다.

우정이네 아파트는 둥근 돔 지붕의 이슬람 성원과 담벼락이 맞닿아 있었다. 골목 안쪽에 자리 잡은 아파트로 가려면 반드시 이슬람 성원 앞을 지나야 했다. 이슬람교도의 예배 장소인 그곳에서 우정이는 이슬람교도들과 자주 마주쳤다. 아파트 단지에도 아랍인 이웃이 몇 명 살고 있었다. 우정이는 콧수염을 기른 남자들과 히잡을 두른

새로운 친구

1

여자들이 낯설지 않았다. 낯설기는커녕 인사와 안부를 주고받는 친절한 이웃들이었다.

그날 담임은 우정이에게 라일라의 상황을 설명했다. 공식 버디이니 미리 알아 두는 게 좋겠다고 했다.

예멘에서 내전이 일어난 뒤 라일라네 가족은 그곳을 탈출했다. 그 후 사우디아라비아와 말레이시아 등지를 거쳐 제주국제공항에 도착했다. 제주도에서 인도적 체류 허가를 받은 라일라의 엄마, 아빠는 서귀포의 한 식당에서 일했다. 그런데 라일라 아빠가 교통사고를 당했다. 불법 유턴 하던 대형 트럭이 아빠의 배달 오토바이를 덮친 것이다. 결국 라일라의 아빠는 세상을 떠났다.

라일라와 엄마는 큰 충격과 슬픔에 빠졌다. 성당의 수녀님들과 자원봉사자들이 두 사람을 도와주었다. 아빠의 장례 절차를 도왔던 한 성직자가 엄마에게 육지의 일자리를 소개해 주었다. 라일라와 엄마는 제주도를 떠나 내륙 도시인 은산으로 왔다. 두 사람은 또다시 한국의 낯선 도시에서 적응해야 했다.

1교시 시작종이 울렸다. 도덕 시간이었다. 담임이 교실 앞문으로 들어섰다. 조회를 마친 후 교무실에 갔다가 다시 온 거였다. 담임은 조회 시간에 했던 잔소리를 또 늘어놓았다. 학부모 상담 신청서를 제출하고, 사이버 폭력 예방 지침을 준수하라는 내용 등이었다.

담임이 컴퓨터를 켜고 빔 프로젝터 스크린을 내렸다.

화면에 '생각하는 삶'이라는 글귀가 떴다. 이어서 사진 한 장이 나타났다. 발가벗은 채 오른손을 턱에 괴고 인상을 쓰고 있는 남자. 로댕의 조각 작품 〈생각하는 사람〉이었다. 담임은 좋아하고 반 아이들은 부담스러워하는 토론 시간이었다.

담임이 화면을 넘기자 급훈이 나타났다.

'생각하는 사람의 미래는 밝다.'

담임이 말했다.

"스스로 생각하고 판단하지 않으면 자신도 모르게 악을 행할 수 있습니다."

담임이 목소리를 높였다.

"지난 시간에 국가의 역할에 대해 공부했지요? 국가는 전쟁이나 테러, 자연재해 등으로부터 국민을 안전하게 지켜야 할 의무가 있습니다. 국민이 안전한 환경에서 최소한의 인간다운 삶을 누리고 살아갈 수 있도록 보장해야 합니다."

담임이 아이들을 둘러보았다.

"그런데 국가가 이 역할을 제대로 못 하면 어떤 일이 벌어질까요?"

담임이 화면을 클릭했다. 몇몇 아이들이 낮게 탄성을 질렀다.

드넓은 바다 한가운데에 보트 한 척이 떠 있었다. 보트 안에는

100여 명의 사람들이 빼곡하게 앉아 있었다. 작은 보트는 위태롭게 보였다. 거친 파도가 금방이라도 보트를 덮쳐 버릴 것 같았다.

또 다른 사진이 나타났다.

긴 행렬을 이룬 군중이었다. 수많은 사람들이 등짐을 메거나 보따리를 들고 도로를 걷고 있었다. 나이 든 노인과 어린아이들이 많았다. 꾸러미를 몸에 매단 사람들이 지친 얼굴로 어딘가로 향하고 있었다.

"이 사람들은 모두 자기 나라를 탈출하는 난민들이에요."

담임이 질문했다.

"난민이 어떤 사람들이라고 했죠?"

담임이 아이들을 휘둘러봤다. 몇몇 아이들이 담임의 시선을 피해 얼른 눈을 내리깔았다. 담임이 우정이를 바라보았다.

"정우정!"

우정이가 자리에서 일어섰다.

"난민은 인종이나 종교 또는 정치적, 사상적 이유 때문에 박해의 공포를 피해 외국으로 탈출하는 사람입니다."[2]

"우정이가 정확하게 알고 있네요."

담임이 덧붙였다.

"우리 선조들도 과거에 고국을 떠나 난민으로 살았던 적이 있습니다."

담임은 일제 강점기와 한국 전쟁을 거치는 동안 우리 선조들이 중국, 러시아, 멕시코, 미국 등지에서 난민으로 살았다고 설명했다. 일제 강점기에 상하이에 세운 대한민국 임시 정부도 난민들이 세운 정부였다고 했다.

담임이 다음 사진을 클릭했다.

열차 지붕 위에 피난민들이 다닥다닥 붙어 있었다. 보따리를 어깨에 메고 열차 지붕에 악착같이 매달린 사람들 대부분이 흰옷을 입고 있었다. 열차가 속력을 내거나 급정거하면 지붕 위의 사람들이 땅바닥으로 나동그라질 게 뻔했다.

"한국 전쟁 때 남쪽으로 가는 피난 열차예요."

담임이 덧붙였다.

"만약 전쟁이 더 오래 계속되었다면 한반도를 탈출하는 피난민들이 더 많아졌을 거예요."

잠시 후 자유 토론이 시작되었다.

주로 사진에 대한 감상평이 오갔다. 첫 번째의 '보트 피플' 사진과 한국 전쟁 때의 열차 지붕 사진에 주목하는 아이들이 많았다. 망망대해에 떠 있는 보트 안의 사람들과 열차 지붕 위의 피난민들이 비슷한 인상으로 아이들의 머릿속에 남았다.

우정이는 가슴이 답답해져 왔다.

'왜 어떤 사람은 힘든 환경에서 태어나는 걸까?'

어렸을 때부터 궁금하던 질문이었다.

'만약 입장이 바뀐다면 어떻게 될까? 우리나라가 지금 전쟁 중이라면? 만약 내가 내전 중인 중동이나 아프리카의 어떤 국가에서 태어났다면?'

'나는 내 의지대로 부모를 선택할 수 없고, 나라도 선택할 수 없어.'

'만일 내가 나쁜 환경에서 태어났다면, 불평등한 조건을 바꾸는 방법을 스스로 찾아야 하지 않을까?'

우정이가 운동장을 내다보며 생각에 잠겼다.

우정이는 어렸을 때부터 책 읽기를 좋아했다. 만화책과 소설책과 전기류 등을 닥치는 대로 읽었다. 문자 그대로 독서가 취미였다. 대학에서 철학과 강사로 일하는 엄마의 영향으로 어려운 철학책도 종종 읽었다.

학급의 토론 주제는 '국가의 역할'로 옮겨 갔다. 담임이 클릭하자 새 화면이 나왔다.

우정이가 오른쪽으로 시선을 돌렸다. 허리를 곧게 편 라일라의 모습이 보였다. 화면을 바라보는 라일라의 얼굴은 얼핏 무표정한 것처럼 보였다.

하지만 우정이는 똑똑히 보았다. 책상 아래로 불끈 움켜쥔 라일라의 두 주먹이 부르르 떨리고 있었다.

대추야자와 타진

미래중학교가 위치한 은산은 공업 도시였다. 철도를 중심으로 남쪽에 공장 지대가 있고, 북쪽은 주거지가 모여 있었다. 낮은 산에 둘러싸인 오목한 지형이 포근하고 평화롭게 보이는 곳이었다.

미래중학교에는 종종 외국인 학생들이 전학 왔다. 코코아나 밀크 초콜릿 피부색을 가진 아이들이었다. 대부분이 공장 지대에서 일하는 외국인 노동자의 가족이었다.

미래중학교 아이들이 외국인 전학생을 대하는 태도는 대체로 두 가지였다. 무시하거나, 또는 지나친 관심을 보이거나.

사건이 터진 건 종례가 끝난 직후였다. 우정이는 교문을 향해 걷고 있었다.

"야, 정우정!"

다급한 목소리가 뒤에서 들렸다. 으뜸이었다.

"헉헉! 큰일 났어! 거지새끼가!"

숨이 턱까지 찬 으뜸이는 더 이상 말을 잇지 못했다.

"누구? 라일라?"

우정이가 외쳤다. 으뜸이가 숨을 토해 내며 외쳤다.

"F4한테 걸렸어!"

"어디서?"

"신관 분리수거장!"

우정이가 운동장을 가로질러 뛰기 시작했다.

"야! 정우정! 같이 가!"

신관 분리수거장은 목조로 지어진 임시 건물이었다. 원래 학교 물품을 보관하는 창고였는데 지금은 재활용품 분리수거장으로 사용되고 있었다. 구석진 장소여서 환경미화원들 외에는 출입하는 사람이 없었다. 그런데 언제부턴가 그곳이 F4의 아지트가 되어 버렸다.

미래중학교 F4는 3학년 남학생 네 명을 가리키는 말이었다. F4는 자기네들이 키가 크고 잘생겨서 그렇게 불린다고 우쭐댔다. 하지만 미래중학교 아이들은 전혀 다른 의미로 이들을 그렇게 불렀다. F는 '퍼킹(fucking)'의 알파벳 첫 글자였다.

우정이가 분리수거장 안으로 뛰어들었다. 아까부터 건물 바깥에서 동정을 살피고 있던 민지가 뒤따라 들어갔다. 헉헉거리며 달려온 으뜸이도 안으로 들어갔다.

라일라는 창고 바닥에 주저앉아 있었다. 몹시 놀란 얼굴이었다. 양 볼에 눈물 자국이 어룽져 있었다. F4 멤버인 재호와 민수가 인상을 썼다.

"너희는 뭐냐?"

민지가 찰칵찰칵, 휴대폰으로 현장 사진을 찍었다.

"너 지금 뭐 하는 거야!"

재호가 민지에게 달려들었다.

"스톱 잇!"

민지가 뒷걸음치며 소리쳤다. 유학파 민지는 급할 땐 영어가 먼저 튀어나왔다.

재호가 민지의 휴대폰을 낚아챘다.

"벌써 전송했어요! 울 언니한테!"

휴대폰에서 통화 기록을 확인한 재호가 얼굴을 찡그렸다.

"아놔! 학폭 또 걸리면 안 되는데."

우정이가 침착하게 물었다.

"우리 반에 새로 전학 온 앤데, 얘가 왜 여기 있어요?"

"선배랑 눈 마주쳤는데 인사를 안 하잖아, 거지새끼가!"

"아직 잘 몰라서 그래요. 외국에서 온 지 얼마 안 되었잖아요."

"선배를 몰라보면 안 되잖아. 난민 새끼 주제에."

그때 민지가 소리를 꽥 질렀다.

"휴대폰 돌려주세요! 재물 손괴죄 신고 들어갑니다!"

"얘가 뭐라는 거냐?"

재호가 민수에게 묻자 민수가 귓속말로 대답했다.

"쟤 언니 짭새야."

"뭐?"

재호가 멈칫했다.

"돌려주면 되잖아. 자, 자!"

그때 휴대폰 벨 소리가 크게 울렸다. 액정 화면에 '울 언니'가 떴다. 깜짝 놀란 재호가 휴대폰을 바닥에 떨어뜨렸다.

"재, 물, 손, 괴, 죄!"

민지가 또박또박 말했다.

"야! 장난이야! 장난!"

민수가 비굴한 표정으로 말하자 재호가 아이들에게 소리쳤다.

"야! 시끄럽다! 다들 꺼져! 빨리 나가!"

우정이가 라일라를 일으켜 세웠다.

민지가 언니와 통화를 시작했다. 재호가 검지를 입술로 가져갔다.

"쉿!"

아이들이 잠시 입을 다물었다.

"별일 아냐, 언니! 친구랑 장난친 거야. 나중에 설명할게. 응 응⋯⋯."

민지의 카랑카랑한 목소리가 창고 안에 울려 퍼졌다.

2학년 3반 아이들이 우르르 출입문을 나섰다. 재호가 아이들의 뒤통수에다 소리쳤다.

"너희 앞으로 조심해!"

민수도 큰소리쳤다.

"저 거지새끼들 때문에 우리나라가 더 살기 힘들어졌잖아. 재네까지 먹여 살리느라고."

출입문이 꽝 소리를 내며 닫혔다.

"어디 다친 데 없어?"

우정이가 라일라를 돌아보며 물었다.

"응."

라일라가 이리저리 흩날린 머리칼을 정리했다.

"빨리 여기 벗어나자!"

민지가 라일라의 손을 잡으며 앞장서 걸었다.

으뜸이도 발걸음을 옮겼다. 그러다가 갑자기 움찔했다. '거지새끼'는 으뜸이도 자주 사용하는 말이었다. 그냥 별생각 없이 다른 아이들이 하는 말을 그대로 따라 한 거였다. 그런데 갑자기 이 단어가 무섭게 여겨졌다.

아이들이 교문을 향해 터덜터덜 걸었다. 다들 입을 꾹 다물고 있었다. 으뜸이는 침울한 표정으로 아이들의 뒤를 따라갔다.

민지가 교문 앞에서 멈췄다.

"라일라가 너무 놀란 것 같아서…… 난 라일라 집까지 같이 갈 건데, 너희는?"

"나도 갈게!"

"나도!"

아이들이 다 함께 큰 도로를 건넜다. 도로를 건너자 작은 다리가 나왔다. 다리 아래로 하천이 흘렀다. 다리를 건넌 후 골목으로 들어서자 음식 냄새가 솔솔 풍겼다. 독특한 향신료 냄새였다.

골목 입구에서 흰색 건물이 보이자 라일라의 얼굴이 환해졌다. 라일라네는 흰색 건물 2층에 세 들어 있었다. 1층은 아랍 음식 전문점이었다. '카사블랑카'라고 적힌 간판이 보였다. 라일라 엄마가 주방장으로 일하는 식당이었다.

식당 건물이 보이자 라일라의 다리에 힘이 풀렸다. 하루 종일 긴장의 연속이었다. 아침에 집을 나설 때부터 지금까지 신경이 바짝 곤두서 있었다.

맛있는 음식 냄새가 풍겼다. 저녁 장사를 준비하는 시간이었다. 긴장이 풀려서인지 배가 무척 고팠다.

"움미!(엄마!)"

라일라가 소리치자 앞치마를 두른 라일라의 엄마가 주방에서 나왔다. 우정이, 민지, 으뜸이가 차례로 식당 안으로 들어섰다. 엄마의 두 눈이 휘둥그레졌다.

라일라가 뛰어가서 엄마에게 안겼다. 라일라는 터져 나오려는 울음을 꾹 참았다.

"안녕하세요?"

아이들이 고개를 숙여 인사했다. 엄마가 한국어로 대답했다.

"안녕하세요!"

엄마가 식당 안쪽으로 아이들을 안내했다.

라일라는 엄마와 함께 주방으로 들어갔다. 라일라가 오늘 겪은 일을 엄마에게 말했다. 엄마의 얼굴이 어두워졌다가 다시 밝아졌다. 잠시 후 라일라는 아이들이 기다리는 탁자로 돌아왔다.

라일라 엄마가 다과 쟁반을 가져왔다. 대추야자, 쿠키, 음료수가 탁자 위에 놓였다. 으뜸이가 라일라 엄마를 힐끗거렸다. 으뜸이는 히잡을 두른 아랍인 여성을 가까이에서 본 적이 없었다.

라일라가 엄마의 말을 한국어로 통역했다.

"도와줘서 고맙습니다, 맛있는 음식 먹고 가, 엄마가 말했어."

"감사합니다."

"잘 먹겠습니다!"

아이들이 소리 높여 인사했다. 엄마가 주방으로 돌아갔다.

"와! 이거 엄청 맛있다!"

대추야자를 맛본 으뜸이가 외쳤다. 엄지손가락 절반 크기의 대추야자는 쫀득쫀득하고 달았다. 아이들이 너도나도 접시를 향해 손을 뻗었다.

"오! 진짜 달다!"

민지가 휴대폰을 검색했다.

"대추야자는 아랍 문화권에서 흔히 먹는 간식거리야. 당분이 많아서 먹으면 기분이 금방 좋아진대. 근데 열량이 높아서 너무 많이 먹으면 뚱뚱…….”

민지가 말을 멈췄다. 몸집이 큰 으뜸이가 입을 오물거리다가 민지를 쩨려봤다.

라일라 엄마가 콩 요리와 고기 요리를 쟁반에 내왔다.

으뜸이가 고기 접시를 향해 코를 벌름거렸다.

“라일락. 이건 무슨 요리야?”

우정이가 끼어들었다.

“라일락 아니고 라일라!”

“너한테 안 물어봤거든?”

으뜸이가 손가락으로 접시를 가리켰다.

“라일라, 이거 이름 뭐냐고?”

“타진!”

라일라가 대답했다.

라일라의 엄마가 내온 건 양고기 타진이었다. 손질한 양고기에 건포도, 대추, 설탕을 듬뿍 넣고 뭉근히 끓인 요리였다. 타진은 원래 모로코 전통 음식인데 한국인들이 좋아하는 아랍 요리여서 식당 메뉴에 포함되었다. 소, 닭, 카레 타진도 있지만 라일라는 양고기 타진을 가장 좋아했다.

아이들은 고깃덩어리를 앞접시에 담고 젓가락으로 살을 발라 먹었다. 한식의 갈비찜과 모양과 맛이 비슷했지만 육질은 훨씬 부드러왔다.

채식을 하는 우정이는 걸쭉한 콩 요리를 먹었다. 밥과 요리를 배불리 먹은 아이들이 콜라를 마셨다.

민지가 라일라에게 물었다.

"너 한국에 언제 왔어?"

"2년 전."

민지가 고개를 갸우뚱했다.

"우리 학교에 전학 온 지 얼마 안 됐잖아."

"이 학교 오기 전, 다른 학교 갔어."

"다른 학교 어디?"

"다문화학교."

은산에 도착한 후 라일라는 한동안 다문화 공동체 학교에 다녔다. 그 학교는 교육부가 지정한 위탁 교육 기관이었다. 전교생 대부분이 외국인 학생들이었다. 한 학년에 학급이 한 반이었고, 한국어와 한국 문화를 따로 배울 수 있었다.

그런데 그곳은 거리가 너무 멀었다. 집에서 출발해서 버스를 두 번 갈아타야 학교에 도착했다. 날씨가 나쁠 땐 시간이 더 걸렸다.

"나는 학교 좋아."

으뜸이의 눈이 휘둥그레졌다.

"뭐? 학교가 좋아?"

"응. 학교 좋아."

"헐!"

으뜸이가 고개를 흔들었다.

"예멘에서 학교 다닐 수 없어."

"왜?"

"전쟁 있어."

민지가 끼어들었다.

"예멘 지금 내전 중이잖아."

"내전? 그게 뭐야?"

"정부군과 반군이 싸우고 있는 거야."

민지의 설명이 이어졌다.

"그러니까 한국 전쟁하고 비슷해. 같은 나라에서 북쪽과 남쪽이 갈라져 전쟁하는 거야."

으뜸이가 물었다.

"너 폭탄 터지는 거 봤어? 시체도?"

라일라의 얼굴이 굳어졌다. 라일라가 고개를 끄덕였다.

"그럼, 너희 가족은 언제 거길 떠난 거야?"

"3년 전."

"왜? 위험해서?"

"응. 전쟁, 위험해."

라일라가 소년병으로 끌려가는 남자애들과 어린 나이에 결혼하는 여자애들에 대해 이야기했다. 아이들이 조용해졌다. 소년병이니, 조혼이니 하는 이야기가 너무 황당했다.

"아빠는 전쟁 반대했어."

라일라가 아빠의 반전 활동에 대해 이야기했다. 교사였던 라일라 아빠는 평화 운동가이기도 했다. 그러니까 아빠는 전쟁 자체를 반대했다. 정부군, 반군, 다국적군 모두에게 당장 전쟁을 중단하라고 요구했다. 그리고 폭격으로 부서진 학교 건물과 크게 다친 아이들을 촬영해서 반전 단체로 영상을 보냈다. 소년병을 인터뷰해서 기사를 쓰기도 했다.

우정이가 놀란 표정으로 말했다.

"유튜브에서 영상 본 적이 있어. 너희 아빠도 그런 영상을 찍으셨구나."

우정이는 구호 단체 홈페이지에서 반전 영상물을 본 적이 있었다. 폭격으로 한쪽 다리를 잃은 남자아이가 T자형 막대기를 겨드랑이에 끼고 거리를 돌아다니는 영상이었다. 우정이보다 어려 보이는 아이였는데 한쪽 발로 생활하는 게 익숙한 듯 막대기를 흔들며 장난스럽게 웃기도 했다. 우정이는 아이의 웃음이 슬펐다. 전쟁이 아이에게 얼마나 끔찍한 짓을 했는지 알 수 있었다.

갑자기 민지가 의자에서 일어났다.

"아! 나 학원 시간."

"나도!"

으뜸이도 자리에서 일어났다. 아이들이 주방 앞으로 몰려갔다.

민지가 물었다.

"라일라! '고맙습니다.'를 아랍어로 어떻게 말해?"

"슈크란!"

민지가 라일라 엄마에게 인사했다.

"움미! 슈크란!(엄마! 고맙습니다!)"

우정이와 으뜸이도 고개를 숙이며 덩달아 따라 했다.

"움미! 슈크란!"

라일라 엄마가 환하게 웃었다.

아이들이 떠난 후 라일라는 탁자의 그릇들을 주방으로 옮겼다.

싱크대 앞에서 라일라가 수세미를 집어 들었다.

"괜찮아. 엄마가 할게."

"제가 할게요."

"오늘 고생했잖아. 가서 좀 쉬어라."

"네."

라일라는 2층 집으로 가지 않고 식당에 남았다. 방금 전까지 아이들과 앉아 있던 탁자로 돌아갔다.

식당 안은 평화롭고 조용했다. 달콤한 음식 냄새가 공기 속에 떠

다녔다. 주방에서 익숙한 소음이 들렸다. 수돗물 소리, 그릇 부딪치는 소리, 음식 재료를 씻는 소리. 잠시 후 도마 위에서 칼질하는 소리가 들렸다.

라일라는 스르르 잠에 빠져들었다. 엄마의 칼질 소리가 부드러운 자장가처럼 들렸다. 하루 종일 팽팽했던 온몸의 신경줄이 느슨해졌다. 주변이 몽롱해졌다. 라일라는 단잠에 빠져들었다.

밤의 소녀, 라일라

꿈속에서 라일라는 피난민 행렬 속에 있었다. 주변엔 온통 보따리를 손에 들거나 어깨에 걸친 사람들뿐이었다. 걷는 동안 대화를 나누는 사람은 없었다. 거친 숨소리, 기침 소리, 낮은 신음 소리만 들렸다. 라일라도 엄마 손을 잡고 말없이 걸음을 재촉했다.

다음 순간 라일라는 교실 뒤편에 앉아 있었다. 담임이 포인터로 화면을 클릭했다. 피난길에 나선 수많은 사람들이 보였다.

사진은 사진일 뿐, 소리나 효과음이 있을 리 없었다. 하지만 라일라의 귓속에는 무시무시한 굉음과 폭발음이 들렸다. 매캐한 화약 냄새도 맡아졌다.

우르릉 쾅쾅. 비행기 공습이 시작되면 사람들의 비명이 이어졌다. 땅이 갈라지고 건물과 집이 부서졌다. 눈앞을 뿌옇게 하는 먼지. 매캐한 냄새. 찢어질 듯한 사이렌 소리.

라일라는 고개를 숙였다. 아무것도 생각하고 싶지 않았다. 하지만 폭격 소리와 화약 냄새가 머릿속에서 떠나지 않았다. 라일라는 주먹을 불끈 쥐었다. 교실 바닥으로 눈물이 떨어졌다.

'친구들은 모두 무사할까?'

라일라의 고향은 수도 남서쪽에 위치한 항구 도시였다. 한국과는 달리 1년 내내 날씨가 따뜻했다. 커피, 대추야자, 가죽 제품 등을 수출했다. 주요 항로인 홍해를 끼고 있어서 군사적으로 중요한 곳이었다.

내전이 시작된 후 라일라의 고향은 반군 세력에 넘어갔다. 곧이어 정부군을 지원하는 다국적군의 공습이 시작되었다. 도시는 정부군과 반군이 쟁탈전을 벌이는 격전지가 되었다. 내전은 다른 국가들이 참전하면서 더욱 복잡하게 얽혀 들었다.

고향에서 라일라는 친구들과 어울리는 걸 좋아했다. 학교 숙제는 방과 후에 얼른 해치우거나 늦은 밤에 간신히 마쳤다. 골목길에서 줄넘기를 하거나 공 던지기를 하다 보면 시간이 후딱 지나갔다.

하지만 전쟁이 시작되면서 모든 게 바뀌었다. 폭격으로 학교 건물이 부서졌고 휴교령이 내려졌다. 더 이상 학교에 다닐 수 없었다. 하루에도 몇 번씩 비행기 공습이 있었다. 약 한 달 동안 낮에 금식을 하는 라마단 기간에도 폭격이 멈추지 않았다.

이웃집에 폭탄이 떨어지자 라일라의 엄마와 아빠는 고향을 떠나기로 결심했다. 전국을 떠도는 피난 생활이 시작되었다. 하지만 예멘 안에서는 그 어느 곳도 안전하지 않았다.

사방에 피난민들이 넘쳐 났다. 공습을 피할 수 있는 곳이라면 어디든 사람들이 몰려들었다. 물과 음식이 부족했다. 전력이 부족해서 전깃불이 들어오지 않았다. 질서가 무너지고 약탈이 발생했다. 고아와 노숙자들이 거리에 늘어났다.

라일라는 아메드가 소년병으로 징집되었다는 소식을 피난지에서 들었다. 아메드는 고향의 이웃집에 사는 소년이었다. 내전이 시작된 후 남자아이들은 길거리에서 전쟁놀이를 했다. 막대기를 깎아 장총이나 기관총 모형을 만들고, 편을 나누어 상대방에게 총을 쏘고 대검을 휘둘렀다. 전쟁이 길어지자 남자아이들이 군대에 징집되기 시작했다. 전쟁 영웅이 되겠다며 자진해서 입대하는 아이들도 있었다.

어린 여자아이들을 결혼시키는 가정도 생겼다. 초등학교나 중학교에 다녀야 할 아이가 나이 든 남자와 결혼했다. 점령지에서 군인들에게 성폭력을 당하는 것보다 그편이 낫다고 생각하는 부모들이었다. 쌀이나 콩 한 자루를 받고 딸을 시집보내는 부모도 있었다.

'내 친구들은 어디 있을까?'

피난지를 떠돌아다니면서도 라일라는 고향 친구들이 궁금했다.

단짝 친구인 파티마의 소식을 들은 건 북쪽의 국경 도시에서였다. 라일라네 가족은 어둠이 짙어지면 국경을 넘을 계획이었다. 라일라가 파티마의 남동생을 발견한 건 피난민 행렬에서였다.

"하산!"

라일라가 낮게 소리쳤다. 하산은 몰골이 말이 아니었다. 까치집 머리에 숯검정을 칠한 것처럼 온몸이 시커멨다. 가까이 다가가자 돼지우리 냄새가 풍겼다. 지저분하기는 라일라도 마찬가지였다. 국경으로 이동하는 동안 제대로 먹지도 씻지도 못했다.

하산이 두 눈을 크게 뜨고 입을 쩍 벌렸다. 라일라를 만났다는 사실이 믿기지 않아서였다.

"우크티!(누나!)"

하산의 눈에 눈물이 차올랐다.

"파티마는? 엄마, 아빠는?"

라일라가 주위를 둘러보며 하산에게 질문을 퍼부었다. 하산은 눈물만 흘렸다.

하산은 외삼촌 가족과 함께 이동하고 있었다. 다른 피난민들처럼 일단 국경을 넘어 사우디아라비아로 간 후에 아프리카 대륙으로 빠져나갈 계획이었다. 하산의 아빠는 군대에 징집되었고 엄마와 파티마는 폭격으로 세상을 떠났다고 했다. 두 사람의 장례식을 치르자마자 외삼촌 가족이 하산을 데리고 피난길에 올랐다.

하산은 '우크티'를 부르며 계속 울었다. 라일라도 하산을 껴안고 울었다. 라일라는 울음소리를 내지 않으려고 애썼지만 소용없었다.

목 안에서 계속 울음이 넘어왔다. 두 아이는 서로를 부둥켜안고 한참 동안 흐느껴 울었다.

하산과는 국경선에서 헤어졌다.

"바라칼라후 피크!(신의 축복이 있기를!)"

서로가 무사하기를 신에게 기도했다.

그날 밤 라일라네 가족은 무사히 국경을 넘었다. 아빠의 동료가 국경선에서 대기하고 있다가 가족을 안내했다. 라일라네 가족은 사우디아라비아의 수도인 리야드로 이동했다.

사우디아라비아에서는 오래 머무를 수 없었다. 홍해를 건너 도착한 수단과 에티오피아에서도 마찬가지였다. 모두 난민법이 시행되지 않는 나라들이었다. 난민 협약이 발효되지 않는 나라에서는 안전하게 체류할 수 없었다. 한밤중에 갑자기 추방될 수 있다는 공포가 꿈속까지 쫓아다녔다.

이후 라일라네 가족은 말레이시아에 도착했다. 말레이시아는 무비자로 입국할 수 있는 나라였다. 하지만 말레이시아도 난민 협약에 가입하지 않은 나라였다. 그러다가 쿠알라룸푸르 국제공항과 제주 국제공항 간에 비행기 직항 노선이 있다는 걸 알게 되었다.

마침내 제주행 비행기에 올라탔을 때 온 가족은 신에게 감사드렸다.

비행기 안에서 라일라는 가슴이 두근거렸다. 아빠의 설명에 의하면 한국은 GDP가 세계 10위권인 나라였다. 삼성과 엘지의 가전 제품도 세계 최고라고 했다. 한국은 아시아 최초로 난민법을 시행한 나라이기도 했다. 라일라는 앞으로 펼쳐질 한국 생활이 한껏 기대되었다.

하지만 한편으로는 두려운 마음이 들었다. 라일라는 이슬람 문화권을 벗어나서 살아 본 적이 없었다. 엄마는 걱정이 더 심했다. 이슬람법을 따르는 엄마는 외출할 때 반드시 히잡을 두르고, 낯선 남자와는 대화하지 않고 살아왔다.

라일라네 가족은 어디를 가든 고향의 종교와 문화를 지키려고 애썼다. 하루 다섯 번의 기도 시간도 꼭 지켰다. 그래서 되도록 이슬람 문화권 국가에서 살게 되기를 원했다. 한국행을 결정했을 때 아빠는 가족이 겪게 될 문화 충격을 걱정했다.

"와! 야자나무다!"

제주공항에 도착했을 때 맨 먼저 야자수가 눈에 띄었다. 낯익은 야자수를 보며 라일라는 안심했다. 제주도는 평화의 섬이라고 했다. 날씨가 따뜻했고 고향의 바다 냄새가 났다. 평화로운 시절로 되돌아갈 수 있을 것 같았다.

제주시의 한 숙소에 짐을 풀었다. 여러 가족이 2층짜리 건물을 통째로 빌려서 방을 나눠서 사용했다. 그 건물은 원래 게스트 하우스였다고 했다. 이전에도 낯선 여행자들이 그곳에서 짐을 풀고 잠을 잤다.

1층 출입구에 홀이 있었다. 게스트 하우스에서 간단한 아침 식사를 제공하던 곳이었다. 라일라의 고향 사람들도 그곳을 공동 식당으로 사용했다. 식당 입구에 찻물이 가득 든 음료수 통이 있었다. 원통에 달린 버튼을 누르면 고향에서 맛보던 고소한 찻물을 마음껏 들이켤 수 있었다.

고향 어른들은 모두 친척들 같았다. 남자들은 수염을 길렀고 여자들은 모두 긴 옷을 입고 히잡을 썼다. 기도 시간이 되면 여럿의 휴대폰에서 동시에 아잔[3] 소리가 울렸다.

"인샬라!(신의 뜻대로!)"

"알함두릴라!(신의 은총에 감사를!)"

어른들은 대화할 때마다 신의 은총과 축복에 감사했다.

하지만 다들 불안한 마음을 숨기지는 못했다. 한국에서 난민 반대 시위가 일어나고 있어서였다. 얼마 후 고향 사람들은 비자 없이 제주도에 입국하는 무사증 제도를 이용할 수 없게 되었다. 한국 정부가 예멘 사람들에 대해 무사증 입국을 금지했기 때문이었다. 어른들은 나날이 변하는 한국의 상황을 이해하려고 애썼다. 수시로 뉴스를 검색하며 대책을 고민했다.

어른들은 항상 긴장했고 서로에게 조심하라고 충고했다. 거리에서는 여럿이 몰려다니지 않았다. 큰 소리로 대화를 주고받지도 않았다. 기도 시간에 공원에서 엎드려 기도하는 일도 그만두자고 했다. 이런 일상적인 행동도 한국인들에게는 낯설고 위협적으로 보인다고 했다.

취업 설명회가 열린 날이었다. 엄마와 아빠는 서귀포에서 올라온 식당 주인을 만났다. 그런데 그 사람은 엄마만 고용하겠다고 말했다. 주방 보조로 일할 여성만 구한다는 거였다. 엄마는 깜짝 놀랐다. 낯선 나라에서 절대로 가족과 헤어질 수 없다고, 아빠도 함께 일할 수 있게 해 달라고 빌었다. 아빠도 주인에게 사정했다. 장도 보고, 배달도 하고, 짐도 운반하고, 뭐든 할 수 있다고 했다. 한국인 자원봉사자를 통해 아빠가 교사였다는 사실을 알고 나서야 식당 주인은 마음을 바꿔서 아빠를 채용했다.

서귀포에는 고향 사람들이 많지 않았다. 하지만 라일라는 그 어느 때보다 행복한 시간을 보냈다. 가족이 살았던 연립주택은 엄마, 아빠가 일하는 식당의 뒷골목에 있었다. 방 두 개에 거실과 주방이 일자형으로 이어진 구조였다. 베란다 너머에 바다가 있었다. 거실에서 한국어를 공부하다가 고개를 들면 푸른 바다가 보였다. 엄마, 아빠는 아침 9시부터 밤 9시까지 식당에서 일했다.

라일라는 성당에서 운영하는 무료 한국어 강좌를 수강했다. 자원봉사자들과 '프리 토킹'을 하며 한국어를 연습했다. 수녀님들과 자원봉사자들이 고향 사람들에게 큰 도움을 주었다. 꼭 필요한 생활 정보를 알려 주고 통역 서비스를 제공했다. 여행 경비가 바닥난 고향 사람들에게 무료로 방을 내주거나 작업실을 사용하도록 허락한 한국인들도 있었다.

라일라는 성당에서 한국어 공부를 마치면 엄마, 아빠가 일하는 식당에서 밥을 먹었다. 그런 후엔 식당 구석에 앉아서 한국어를 복습했다. 손님이 몰려드는 시간이 되면 혼자서 집으로 갔다.

라일라는 고향 친구들이 보고 싶었지만 부모님과 함께여서 떠도는 생활을 견딜 수 있었다. 하지만 엄마와 아빠는 달랐다. 고향에서는 하지 않았던 고된 육체노동을 해야 했다. 그런데 정말 힘든 건 노동이 아니라고 했다.

"그럼 뭐가 힘들어요?"

라일라가 무함마드 아저씨에게 물었다.

"난민은 뿌리 뽑힌 사람들이야."

아저씨는 고향에서 엔지니어였지만 지금은 양식장에서 하루에 열네 시간씩 일하고 있다.

"가장 나쁜 게 뭔지 아니?"

"뭐예요?"

"존재 자체가 가해자가 된 기분?"

고향 사람들에 대해 점점 더 나쁜 소문이 퍼져 갔다. 혼자서 도로를 걷고 있을 뿐인데 수상한 사람이라며 경찰서에 신고가 접수된다고 했다. 테러리스트로 의심을 받아서 갑자기 검문을 당한 사람도 있었다. 하지만 모두가 서로를 의지하며 불안한 시기를 넘기고 있었다. 라일라도 엄마, 아빠와 함께 조심하며 하루하루를 보냈다.

아빠가 교통사고를 당한 날, 한순간 세상이 멈춘 것 같았다. 구급차에 실려 병원으로 이송된 아빠가 세상을 떠났을 땐 사방이 암흑으로 변했다. 모든 게 일시 멈춤, 정지 화면 상태가 됐다.

아빠가 세상에서 사라진다는 걸 라일라는 생각해 본 적이 없었다. 아빠는 항상 바쁜 사람이었다. 아침 일찍 집을 나가면 밤이 늦어서야 돌아왔다. 하지만 라일라가 원할 때 아빠는 항상 곁에 있었다. 고향에서도 그랬고, 피난지에서도 그랬다. 그런데 이제는 아빠를 영원히 볼 수 없다는 게 믿어지지 않았다. 컴퓨터를 재부팅하면 정지 화면이 사라지듯이 아빠도 복구되어 돌아올 방법이 꼭 있을 것만 같았다.

'고향에서 전쟁이 일어나지 않았다면? 한국에 오지 않았더라면? 엄마와 아빠가 식당에서 일하지 않았더라면? 아빠가 그날 오토바이를 운전하지 않았더라면? 트럭 운전사가 교통 법규를 제대로 지켰더라면?' 꼬리에 꼬리를 물고 이어지는 가정들이 머릿속을 떠나지 않았다.

내륙 도시인 은산의 아랍 음식점에서 주방장을 구한다는 정보를 알려 준 건 한국인 이맘[4]이었다. 한국인 중에도 이슬람교 종교 지도자가 있다는 걸 라일라는 처음 알았다. 이맘은 아랍어에도 능통했다. 그가 아빠의 장례 절차를 도왔고 여러 가지 서류를 처리할 수 있도록 조언했다.

은산에는 이슬람 성원이 있다고 했다. 그 얘기를 듣고서 엄마는 제주도를 떠날 결심을 했다. 언제든 달려가 기도할 수 있는 사원이 있다면 슬프고 힘든 시기를 버틸 수 있을 것이었다.

[2] 대한민국 〈난민법〉 제1장 제2조에서 규정하는 난민은 "인종, 종교, 국적, 특정 사회 집단의 구성원인 신분 또는 정치적 견해를 이유로 박해를 받을 수 있다고 인정할 충분한 근거가 있는 공포로 인하여 국적국의 보호를 받을 수 없거나 보호받기를 원하지 아니하는 외국인 또는 그러한 공포로 인하여 대한민국에 입국하기 전에 거주한 국가로 돌아갈 수 없거나 돌아가기를 원하지 아니하는 무국적자인 외국인"이다.

[3] 이슬람교에서 예배 시간을 알리는 외침 소리. 얼핏 음악 소리처럼 들리지만 '알라는 위대하다.', '알라 외에 다른 신은 없다.'와 같은 내용을 외치는 소리이다.

[4] 이슬람교의 종교 지도자. 이슬람교의 예배 의식을 주도하고 이끈다. 원래는 신앙과 종교 생활을 모범적으로 하는 지도자를 이슬람 문화권에서 일반적으로 일컫는 말이다.

2

—

토론하며
의견을
조율하다

학부모 긴급회의

우정이는 엄마와 함께 이슬람 성원에 도착했다. 정문 왼쪽에 주차장이 있고, 오른쪽으로 둥근 돔 지붕의 본관 건물이 있었다. 담벼락 앞에 미끄럼틀, 그네, 정글짐 등이 갖춰진 놀이터가 있었다. 거기, 라일라가 혼자서 그네에 앉아 있었다.

라일라가 그네에서 일어나 두 사람을 향해 인사했다. 빈 그네가 우쭐우쭐 흔들렸다. 우정이 엄마가 라일라에게 다가왔다.

"네가 라일라구나?"

"네."

"그래. 반가워!"

한국인 이맘이 건물 안에서 나왔다. 이맘은 챙 없는 원형 모자인 쿠피를 쓰고 있었다. 제주도에서 라일라네 가족을 도와주었던 이맘이었다.

"여어! 안녕들 하세요!"

이맘이 미소 지으며 인사했다. 콧수염과 턱수염이 함께 웃고 있었다.

"자, 들어가시죠. 담임 선생님과 라일라 어머니께서는 오셨습니다."

이맘이 두 아이를 돌아보았다.

"너희도 안으로 들어갈래?"

"저흰 여기서 기다리면 안 돼요?"

우정이가 물었다. 이맘과 우정이 엄마가 고개를 끄덕였다. 엄마가 말했다.

"그럼 들어가서 인사하고 나와."

"네."

우정이가 사무실로 달려가 담임과 라일라 엄마에게 인사했다. 두 사람은 소파에 앉아 차를 마시고 있었다. 이맘과 우정이 엄마가 사무실로 들어서자 어른들의 회의가 시작됐다.

라일라가 그네에 앉아서 발을 굴렀다. 우정이는 모래판 가장자리에 앉아 모래 알맹이를 손에 쥐고 조몰락거렸다. 햇볕에 알맞게 데워진 모래가 몽글몽글하고 따뜻했다.

"너, 괜찮아?"

우정이가 물었다.

"우리 엄마가 그러는데 난민 인정 심사에서 탈락했다고……."

"응. 떨어졌어."

"그럼 앞으로 어떻게 돼?"

"몰라요."

라일라가 고개를 저었다.

오늘 어른들이 긴급회의를 하는 건 라일라 가족이 난민 인정 심사에서 탈락했기 때문이었다. 난민 지위를 인정받으려면 수많은 서류가 필요했다. 무엇보다도 라일라 아빠가 고국에서 반전 활동을 했고 박해의 공포에 시달렸다는 사실을 증명해야 했다. 또한 아빠가 진짜 가족이라는 것도 증명해야 했다. 아빠가 아빠라는 사실을 증명하려면 가족 관계 증명서가 필요했다. 하지만 고향의 관공서가 파괴되어서 증명서를 발급받을 방법이 없었다.

어른들의 회의가 길어지고 있었다.

우정이는 초조했다. 손에 쥐고 있던 모래를 이리저리 흩뿌렸다. 라일라도 긴장된 얼굴이었다.

"잘못하면 너 추방될 수 있는 거야?"

"응. 추방."

"그럼 어떡해?"

"몰라요."

라일라가 고개를 흔들었다. 폭격으로 폐허가 된 고향으로 돌아가는 건 생각만 해도 끔찍했다. 아빠의 반전 활동 때문에 정부군과 반군 모두가 엄마와 라일라에게 보복을 할 것이다.

"내가 봉사부 아이들한테 얘기해 볼게."

"봉사부?"

"이민지, 김으뜸, 박찬희, 나. 이렇게 네 사람이 봉사부야. 이제 너까지 다섯 명."

"무엇을 합니까?"

"학급 회의 때 안건을 내 보려고."

어젯밤에 우정이는 결심한 바가 있었다. 친구가 위험에 처했는데 아무것도 하지 않고 가만히 있을 수는 없었다. 라일라의 공식 버디로서 뭐든 시도하고 싶었다. 그렇지 않으면 두고두고 후회할 것 같았다.

잠시 후, 어른들이 건물 밖으로 나왔다. 다들 표정이 심각했다. 담임이 굳은 얼굴로 자동차를 타고 먼저 떠났다. 작별 인사를 나눈 후 이맘도 사무실로 돌아갔다.

라일라 엄마가 종이 상자를 우정이에게 내밀었다. 작은 화분이 들어 있었다. 라일라가 우정이에게 말했다.

"선물."

"나한테?"

라일라 엄마가 아랍어로 말하자 라일라가 통역했다.

"라일라 도와주어서 고맙습니다. 엄마가 말해요."

"아이고, 이게 뭐예요?"

화분을 내려다보며 우정이 엄마가 인사했다.

"고맙습니다! 잘 키우겠습니다."

네 사람은 이슬람 성원 정문 앞에서 헤어졌다. 라일라가 엄마와 함께 도로를 건넜다. 우정이는 종이 상자를 양팔로 안고 아파트로 향했다.

"라일라는 이제 어떻게 되는 거예요?"

"일단, 이의 신청을 할 거야. 난민 불인정 결정에 대해 이의 신청서를 제출하는 거지."

"그럼, 괜찮아요?"

"만약 이의 신청이 기각되면……."

"그럼, 어떻게 돼요?"

"법원에 항소하게 될 거야. 난민 불인정 결정에 불복하는 행정 소송을 하는 거지."

우정이는 가슴이 답답했다. 엄마가 우정이를 힐끗 봤다.

"아들! 걱정돼?"

"라일라 추방되면 어떡해요?"

"당장은 괜찮아. 인도적 체류 허가 기간이 있으니까."

우정이가 한숨을 푹 쉬었다.

"아들! 땅 꺼지겠어."

"학급 회의 때 안건 내려고 해요. 라일라 도울 방법을 찾아보게요."

"그거 좋은 생각이네."

"반 애들이랑 같이 아이디어를 모으는 게 좋겠죠?"

"그래. 집단 지성이 힘이 세지."

엄마가 고개를 끄덕였다.

집에 도착하자 우정이는 학급 회의 때 발표할 내용을 메모했다. 먼저 안건 제안서를 만들어야 했다. 휴대폰 메모장에 문장을 썼다 지웠다 하며 끙끙대던 우정이가 휴대폰을 덮었다. 봉사부 아이들과 함께 의논하는 게 나을 것 같았다.

우정이는 엄마의 서재로 들어갔다.

늘 그렇듯이 서재는 뒤죽박죽이었다. 한숨이 절로 나왔다. 읽다 덮어 둔 책들, 커피 잔, 노트, 포스트잇, 필기구 등이 책상 위에 흐트러져 있었다. 책장의 책들도 두서없이 꽂혀 있고, 방바닥에도 책 더미가 보였다. "방 정리 좀 하면 안 돼요?"라며 우정이가 잔소리할 때마다 엄마는 '혼돈 속의 질서' 운운하며 변명을 늘어놓았다.

"아들, 왜?"

엄마가 책에서 눈을 떼고 물었다.

"그냥요."

"하고 싶은 말 있어?"

우정이는 대답하지 않고 책장의 책들을 둘러보았다.

책장에는 철학책이 가장 많았다. 영어와 독일어로 쓰인 두꺼운 원서도 꽤 있었다. 엄마는 현대 철학을 전공했다. 한나 아렌트 사상에 대해 박사 학위 논문을 썼고 지금도 꾸준히 연구 논문을 쓰고 있다.

"내 이름은 왜 우정이에요?"

언젠가 엄마에게 물어본 적이 있었다.

"네가 배 속에 있을 때 엄마가 한창 바빴거든. 박사 학위 논문을 쓰고 있었어. 밤낮으로 아렌트에 대해 열심히 읽고 썼지. 그러던 어느 날 우정이라는 이름이 가슴속으로 딱! 찾아왔어."

엄마가 엄지와 중지를 부딪치며 딱, 소리를 냈다.

"헉! 그럼 난 태어나기 전부터 한나 아렌트에 대해 공부한 거예요?"

"그런 셈이지."

"오 마이 갓! 태아 때부터 열공한 사람은 나밖에 없을 거예요."

우정이는 그저 헛웃음이 나왔다. 그런 우정이를 보며 엄마는 한참 동안 킥킥거렸다.

그날 엄마는 두꺼운 책 한 권을 우정이에게 보여 주었다. 표지에 한나 아렌트의 사진이 있었다. 짧은 파마머리에 얼굴 주름이 깊게 파인 할머니의 얼굴이었다. 그런데 커다란 두 눈이 인상적이었다. 두 눈에서 총명하고 따뜻한 지성이 흘러나오는 것 같았다. 엄마가 '철학자의 얼굴'이라고 부르며 좋아하는 사진이었다.

"아렌트는 우정을 특별한 방식으로 생각했어."

"어떻게요?"

"다른 상황에 놓여 있고, 다른 의견을 가진 사람들이 서로 대화하면서 차이를 좁혀 가는 과정이 우정이라고 했어."

우정이는 얼른 이해가 되지 않았다.

"친한 애들끼리 유대감을 느끼는 게 우정 아니에요?"

"아렌트는 우정을 훨씬 폭넓게 이해한 거지."

"어떻게요?"

"인간과 인간이 주고받을 수 있는 최고의 가치가 우정이라고 믿었어. 서로의 차이를 좁히면서 의논하고, 돕고, 대화하면서 가깝게 지내야 한다고 생각했지."

"친구가 재수 없게 굴어도요?"

"그럼."

"그러니까 나와 다른 친구를 이해하는 과정이 우정인 거네요."

우정이가 고개를 끄덕였다. 조금은 이해할 것 같았다.

두 사람은 거실로 나왔다.

"엄마 다음 주에 너희 학교에 갈 거야."

"왜요?"

"도덕 시간에 특별 수업 하러."

놀랄 일도 아니었다. 엄마는 대학에서 철학을 가르치는 강사이고, 담임은 엄마의 대학 후배이다.

"어떤 수업인데요?"

"아렌트 사상에 대해 이야기할 거야. 주제는 지금 생각 중이야."

엄마가 소파에 앉았다.

"라일라는 학교에서 잘 지내?"

"대충 잘 지내요."

"아까 라일라에게서…… 한나 아렌트의 얼굴을 봤어."

우정이가 고개를 갸우뚱했다.

"아렌트는 유대인이고, 라일라는 아랍인인데요?"

엄마가 대답했다.

"둘 다 목숨을 걸고 고국을 탈출한 난민들이야."

유대인인 한나 아렌트가 나치의 박해를 피해 독일을 탈출했다는 이야기를 우정이는 엄마에게서 들은 적이 있었다.

"둘 다 사회의 소수자이기도 하고."

"유대인도 소수자라고 할 수 있어요?"

"20세기 초 유럽 사회에서 유대인은 사회적 약자였어. 학대당하고 차별받았지. 그런데 지금 한국 사회에서 라일라도 비슷한 처지가 됐어."

갑자기 우정이가 고개를 푹 숙였다.

"아들, 라일라가 많이 걱정되는구나."

"세상이 불공평해요."

"그렇지?"

도덕 시간에 봤던 난민들 사진이 우정이의 머릿속에 떠올랐다. 인터넷 영상으로 봤던 한쪽 다리를 잃은 남자아이의 천진한 얼굴도 생각났다.

"그런데 아렌트는 '난민'이라고 불리는 걸 좋아하지 않았어. 대신에 '새로 온 사람, 또는 이민자'[5]라고 불러 달라고 했지."

엄마는 한나 아렌트가 쓴 〈우리 난민들〉이라는 글에 대해 이야기해 주었다. 고향 집과 직업과 모국어를 잃어버린 후 낯선 나라에 도착한 난민들에 관한 이야기였다. 엄마가 글의 한 대목을 읽어 주었다.

"우리는 우리가 속한 집단과 상관없이 온전한 승인을 요구한다. 왜냐하면 우리는 출생지에서 온전한 승인을 받을 수 없었기 때문이다."

"이게 무슨 말이에요?"

"아렌트 같은 난민들은 출생지인 고국에서 인간으로서 대접을 받지 못했다는 거야."

"인간의 존엄성, 그런 거요?"

"맞아."

우정이는 엄마와 한참 동안 이야기를 나눴다. 대화를 하는 동안 라일라의 상황을 좀 더 이해할 수 있었다. 난민이 된다는 게 어떤 건지 여전히 실감이 나지 않았다. 하지만 봉사부 아이들과 어떤 얘기를 나눠야 할지는 대충 머릿속으로 그려졌다.

봉사부 단톡방

학급 회의 D-3일 저녁 7시

정우정: 다들 뭐 해?

김으뜸: 이 시간에 웬일?

　　　　학원 쨈?ㅋ

정우정: 끊었어.

　　　　이제부터 자습 모드다.

이민지: 용건이 뭐야?

정우정: 금요일 학급 회의 때 안건 하나 발표하자.

박찬희: 뭔데?

김으뜸: 지금 학원 쉬는 시간.

　　　　빨리빨리.

정우정: 라일라가 우리나라에서 추방될지도 몰라.

이민지: 뭐?

김으뜸: 쫓겨난다고?

박찬희: 왜?

정우정: 난민 인정 심사 탈락해서.

이민지: 걘 자기 나라 못 가잖아. 아빠가 반전 활동······.

박찬희: 헐. 이 상황 무엇?

스파이 영화?

이민지: 그런 게 있어. 그래서 학급 회의 안건 뭔데.

정우정: 라일라네 사정을 반 애들한테 알리고 이의 신청과 행정 소
송에 도움 되는 활동 하자고 제안하려고.

김으뜸: 이의 신청? 행정 소송?

그거 다 뭐임?

정우정: 난민 불인정 결정에 이의를 제기하는 게 이의 신청이
고······.

이민지: 행정 소송은 법원에 항소하는 거.

김으뜸: 뭘 어케 하는데?

이민지: 피켓 시위, 탄원서, 그런 거 해야지.

박찬희: 헐!

난 반대!

정우정: 왜?

박찬희: 중학생이 뭔 정치야!

이민지: 그건 아니지. 반 친구 생명을 구하는 일인데. 우리가 노력

하면 나중에 법원 판결을 뒤집을 수 있어.

박찬희: 설명충 꺼져.

이민지: 디질랜드?

김으뜸: 찬희 멘탈 파탄 남?

박찬희: 난민은 네가 젤 반대일 거 같은데?

김으뜸: 나? 별생각 없는데.

박찬희: 생각 좀 하고 사세요.

정우정: 지금 농담할 때 아냐. 상황 심각해.

　　　　쌤도 긴급회의 소집하고 난리 났다.

이민지: 그래서 어떻게 도울 생각인데?

김으뜸: 정우정우정 버스 태워 주나요.

박찬희: 피방각?

김으뜸: 롤각?

이민지: 야__

정우정: 안건 제목 뭐로 할까?

이민지: '라일라의 난민 인정 절차를 돕자' 어때?

정우정: 실명 넣을 필요 있어? 이름은 빼자.

김으뜸: 설명 좀요.

　　　　지금 뭔 얘기 하냐?

박찬희: 뭐야, 안건 제출한다고?

나 읽씹당함?

이민지: 제출하자는 거 아니고 제출할지 말지 정하자고.

각자 생각해 보고 10시쯤 다시 얘기하자.

김으뜸: 오께!

정우정: 좋아.

박찬희: 그래.

밤 10시

이민지: 안건 제목에 실명 빼는 거, 동의!

"이름은 잊히고 사건은 기억되어야 한다."

정우정: 내 말이 그 말이야.

박찬희: 난 반대!

정치는 정치인에게!

정우정: 같은 반 친구 돕는 일이야.

박찬희: 여기 봉사부 아냐?

언제부터 정치부였냐?

정우정: 라일라 예멘 돌아가면 진짜 위험해. 지금 내전 중.

박찬희: 이슬람교도인데 왜 도와줘?

이민지: 반 친구잖아.

박찬희: 폭탄 테러, 자살 테러, 9·11 테러, 다 이슬람.

정우정: 야! 지금 우리 반 친구 얘기하고 있어.

이민지: 라일라 아빠 반전 활동가였대. 평화주의자.

박찬희: 제주 예멘 난민 대부분이 건장한 남자들이래.

자기 나라 전쟁터에서 비겁하게 도망쳐 온 거야.

정우정: 의미 없는 죽임을 당할 필요가 없어.

동의하지 않는 전쟁에 나가서 개죽음당할 수는 없지.

근데 그건 그거고 이건 다른 문제야.

이민지: 개죽음. 평소답지 않게 단어 선택 과격하다.

박찬희: 됐고! 난 반대!

김으뜸: 근데 라일라네 왜 한국으로 왔지?

다른 이슬람 국가 많잖아.

이민지: 그러네.

정우정: 다른 나라들은 국제 난민 협약에 가입하지 않았거든. 우리 나라는 1992년에 난민 협약과 의정서에 가입했어. 2013년에는 아시아 최초로 난민법을 시행했고. 현재 난민법이 발효 중.

이민지: 좋아. 안건 제출 과반수 보자.

난 찬성.

정우정: 나도 찬성.

박찬희: 반대! 절대 반대!

김으뜸: 난 상관 엄슴.

이민지: 그럼 찬성 2표, 반대 1표, 기권 1표.

'난민 친구 돕기' 학급 회의 안건이 결정되었음을 선포함!

땅땅땅!

박찬희: 이거 다수결 폭력임!

이민지: 소수 의견 아집 아니고? ㅋㅋㅋ

정우정: 안건 제목은 '새로 온 친구 돕기' 어때?

이민지: 새로 온 친구?

정우정: 한나 아렌트가 난민을 그렇게 표현했어. 새로 온 사람.

그러니까 우린 '새로 온 친구'로 하자.

김으뜸: 오오오, 정우정

있어 보여.

정우정: 자, 아이디어 내 봐.

제안 설명은 누가 해? 부장?

이민지: 내가 해도 되지만, 네가 하는 거 어때? 아이디어 네가 냈으

니까.

정우정: 난 상관없어.

김으뜸: 찬희 쥬금?

어디 감?

박찬희: 읽씹 중.

김으뜸: 야! 찬희 상처받음.

누가 힐 좀 해 줘라.

이민지: 네가 쿠폰 힐 쏴 주면 되겠네.

정우정: 나중에 내가 제안서 정리해서 톡 올릴게.

김으뜸: 끝난 거지?

굿밤!

밤 12시 정각

정우정: 찬희야 생일 축하해!

이민지: 오늘 생일이었어? Happy birthday!

김으뜸: 이 형님께서는 쿠폰 보냈다.

박찬희: 뭐야. 내 신상 언제 털렸냐.

학급 회의 D-2일 밤 10시

정우정: 얘들아. 검토 바람.

안건: 새로 온 친구 돕기

제안 설명: 우리 반에 새로 온 친구 라일라가 최근에 난민 인정 심사에서 탈락했습니다. 여러분도 알다시피 예멘은 지금 내전 중입니다. 만약 라일라가 추방되어 예멘으로 돌아간다

면 생명이 위험합니다. 도덕 시간에 공부했듯이 난민은 인종, 종교, 정치, 사상의 이유 때문에 박해의 공포를 피해 고국을 탈출한 사람입니다. 라일라 아빠는 전쟁에 반대하고 평화를 외친 활동가였습니다. 그래서 정부군과 반군 모두에게 쫓겼습니다. 목숨이 위험해지자 가족을 데리고 탈출한 것입니다. 불행하게도 라일라 아빠는 교통사고로 세상을 떠났습니다. 만약 라일라가 예멘으로 돌아간다면 아빠가 반전 활동을 했기 때문에 박해받게 될 것입니다. 라일라가 우리와 함께 안전한 대한민국에서 공부하기를 원합니다.

김으뜸: 님 다니는 학원 정보 좀요.

박찬희: 이건 잘 썼네. 라일라네 가족이 예멘 돌아가면 위험해지는구나.

이민지: 거의 완벽해.

김으뜸: 거의?

이민지: 마지막 부분에 더 임팩트 있는 내용 추가 어때?

정우정: 어떻게?

이민지: 음…….

김으뜸: 이 와중에 저걸 고치네.

이민지: "인권의 소중함을 배운 청소년으로서 라일라가 난민 지위

를 갖게 되기를 희망합니다. 라일라를 돕는 방법을 다 같이
생각해 보자고 건의합니다."

김으뜸: 아 학원 정보는 이민지 걸로 부탁드림.

정우정: 좋아. 마지막에 넣자.

이민지: 잠깐!

김으뜸: ?

이민지: 이거 라일라한테 미리 알려야 돼. 걔가 반대할지도 모르잖
아.

김으뜸: ??

이민지: 기분 나쁠 수 있어. 친구들한테 도움 받아야 하는 처지가
됐다고 생각해 봐.

정우정: 맞다. 자존심 상할 수도……

이민지: 내가 얘기해 볼까?

김으뜸: 공식 버디 놔두고 네가?

정우정: 오케이. 내가 연락할게.

학급 회의 D-1일 밤 10시

이민지: 내일 학급 회의 때 발표할 세부 사항 미리 정하자.

정우정: 반대 토론도 대비해야 해.

김으뜸: 찬희몬이랑 얘기하면 되겠다. 실전 연습.

박찬희: ──?

이민지: 두 가지 생각해야 해.

　　　　1. 라일라 도울 방법. (탄원서? 피켓?)

　　　　2. 반 애들 설득할 방법.

정우정: 그러네. 이거 준비하면 되겠다.

김으뜸: 둘이 북 치고 장구 치고 늴리리야 얼쑤!

이민지: 세부 내용 각자 생각해 보고 학급 회의 때 발표하자.

정우정: 예스 마담.

김으뜸: 넵!

박찬희: 니예니예.

학급 회의

학급 회의는 금요일 7교시였다. 뭘 해도 용서받는다는 금요일 오후. 종례 시간이 가까워질수록 아이들은 활기가 넘쳤다.

　하지만 우정이는 점심시간부터 초조했다. 긴장 때문에 입맛도 뚝 떨어졌다. 급식 메뉴에 좋아하는 잡채가 나왔는데도 반찬을 왕창 남겼다. 퀘스트 임무 달성을 앞둔 기사의 심정이 이럴까?

　7교시 시작종이 울렸다.

　"자, 학급 회의 시작하자."

　반장 대호가 큰 소리로 말했다. 사물함에서 소지품을 꺼내는 아이, 창문 앞에서 운동장을 바라보며 멍 때리는 아이, 매점에서 조달한 과자를 먹던 아이들이 제자리로 돌아갔다.

"빨리빨리 앉아라!"

반장이 '제3회 학급 회의'라고 칠판에 적었다.

칠판 앞에 미리 마련해 둔 자리에 반장이 앉았다. 공식적인 회장 의자였다. 이제부터 반장은 학급 회의 회장이 된다.

회장이 개회를 선언한 후 각 부서의 발표가 있었다. 지난 회의 때 가결된 두 안건(수업 분위기 개선과 도난 사건 방지)에 대한 실천 내용이 발표되었다.

안건 제안

"지금부터 안건을 제안해 주십시오. 반에서 개선할 점이나 필요한 사항을 얘기해 주십시오."

회장의 말에 우정이가 손을 들었다.

"정우정, 발언하세요."

"봉사부 안건입니다."

우정이가 인쇄해 온 제안서를 또박또박 읽었다.

"우리 반에 새로 온 친구 라일라가 최근에 난민 인정 심사에서 탈락했습니다. 여러분도 알다시피 예멘은 지금 내전 중입니다. 만약 라일라가 추방되어서 예멘으로 돌아간다면……."

갑자기 교실이 조용해졌다. 난민, 추방, 박해 등은 일상 용어가
아니었다. TV나 인터넷 뉴스에서나 접했던 낯선 단어들이었다.

"이상입니다."

회장이 칠판에 썼다.

안건: 새로 온 친구 돕기

"이 안건에 대해 자유롭게 토론해 주십시오."

아이들은 선뜻 말을 꺼내지 못하고 눈치를 살폈다. 예상치 못한
심각한 내용에 다들 당황했다. 우정이가 봉사부 아이들과 눈길을 교
환했다. 각자 일어나서 보충 설명을 하자는 신호였다.

개별 논의 시간

그때 회장이 말했다.

"잠시 개별 토론 시간을 갖도록 하겠습니다. 서로 논의한 후에
다시 모이겠습니다. 개별 토론 시간은 약 5분입니다."

그제야 아이들이 웅성거렸다.

"이거 실화?"

"라일라, 어떡해, 어떡해!"

"우리가 도와야지."

"우리가 왜?"

"가짜 뉴스 아냐?"

그동안 미래중학교에 난민 학생은 없었다. 난민 인정 심사에서 탈락한 학생도 물론 없었다. 외국인 전학생들은 부모를 따라서 한국에 왔다가 1년이나 2년 후에 다시 고국으로 돌아갔다. 그런데 뉴스에서나 봤던 사건이 지금 같은 반 친구에게 일어난 것이다.

라일라는 안건 내용에 대해 알고 있었다. 우정이가 전화로 자세히 설명했고 동의를 구했다. 하지만 막상 개인 사정이 낱낱이 알려지자 얼굴이 화끈거렸다. 친구들에게 동정의 대상이 된 것이 창피하고 부끄러웠다. 이 소식은 곧장 학교 전체로 퍼질 것이다. 이전보다 더 짓궂게 놀려 대는 아이들이 생길지도 몰랐다.

앞줄의 한 아이가 라일라를 돌아본 후 고개를 돌렸다. 라일라는 마음을 진정하려고 애썼다. 허리를 곧추세우고 의자에 똑바로 앉았다. 하지만 가슴이 쿵쿵쿵 뛰었다.

안건 토론

잠시 후 회장이 말했다.

"학급 회의를 다시 시작하겠습니다. '새로 온 친구 돕기' 안건에 대해 의견을 발표해 주십시오."

잠시 침묵이 흘렀다. 민지가 한 손을 들었다.

"재청합니다."

"아! 봉사부는 나중에 보충 설명을 따로 해 주십시오."

회장이 말했다. 혜림이가 손을 들었다.

"난민 심사는 정부의 권한입니다. 중학생이 어른들 일에 참견하고 반대하는 건 좋지 않습니다."

몇몇이 고개를 끄덕였다. 수철이가 손을 들고 발언권을 얻었다.

"박혜림 의견에 동의합니다. 괜히 문제를 일으켜서 우리 반이 왕창 찍힐 수 있습니다."

"박혜림, 노수철이 이 안건에 반대했습니다. 반대 토론할 사람 있습니까? 네. 정우정, 발언해 주십시오."

"중학생은 이제 어린이가 아닙니다."

으뜸이가 손을 들고 끼어들었다.

"맞습니다. 우리는 어린이가 아닙니다. 나도 키가 176센티미터입니다!"

아이들이 킥킥거렸다.

"오, 키가 그렇게 크셨어요? 우쭈쭈 우쭈쭈!"

교실이 소란스러워졌다.

회장이 책상을 탁탁 쳤다.

"조용하세요! 정우정, 계속 발언하십시오."

"우리는 중학교 2학년 학생입니다. 스스로 생각하고 판단한 후 행동할 수 있는 나이입니다. 그리고 라일라의 난민 인정 심사는 최종 결정이 아직 나지 않았습니다. 이의 신청과 행정 소송이 남아 있습니다. 판결이 바뀔 수도 있습니다."

"다른 의견 있는 분? 이민지!"

"반 친구의 생명을 구하기 위해 우리가 입장을 밝힐 수 있다고 생각합니다. 라일라가 난민 지위를 인정받으면 이곳에서 우리와 함께 계속 공부할 수 있습니다. 우리가 노력하면 나중에 법원 판결을 뒤집을 수도 있습니다."

수철이가 다시 손을 들었다.

"가짜 난민이 엄청 많다고 합니다. 가짜 난민들이 어른들 일자리를 다 빼앗는다고 합니다."

"그게 가짜 뉴스야!"

민지가 끼어들자 회장이 제지했다.

"이민지. 발언권을 얻은 후 존댓말로 발표하세요."

민지가 한 손을 번쩍 들었다. 흥분해서 얼굴이 벌겋게 달아올랐다.

"우리나라에서 난민은 주로 3D 업종에서 일하고 있습니다. 힘들고, 더럽고, 위험해서 한국인들이 피하는 일을 하는 겁니다. 우리나라는 1992년에 국제 난민 협약에 가입했습니다. 난민을 보호하겠다고 국제 사회에 정식으로 약속한 겁니다."

수철이도 쉽게 물러서지 않고 반론을 펼쳤다.

"유럽에서는 난민 입국을 제한하는 나라가 많습니다. 범죄나 테러에 가담하는 난민들이 많아졌기 때문입니다. 제주도에 입국한 예멘 사람들 중에도 분명히 위험한 사람이 있을 겁니다."

우정이가 다시 손을 들었다.

"우리나라는 세계 어느 나라보다도 난민 인정 심사를 까다롭게 합니다. 지금까지 우리나라의 난민 인정률은 약 4퍼센트입니다. 세계 평균 38퍼센트와는 비교할 수 없이 작은 숫자입니다. 만약 위험한 사람이 있다면 난민 심사에서 금방 가려질 겁니다."

회장이 토론의 흐름을 정리했다.

"지금 안건은 반 친구를 도울 것인가, 돕지 않을 것인가, 하는 것입니다. 난민 정책에 대한 찬반 토론을 하는 게 아닙니다."

혜림이가 손을 들었다.

"안건으로 채택할지 말지 다수결로 정하면 좋겠습니다. 공정한 투표를 위해 담임 선생님의 참관을 요청합니다."

"담임 선생님을 참관인으로 모시는 데 동의합니까? 동의하면 박수를 쳐 주십시오."

회장의 말에 반 아이들이 박수를 쳤다.

"그럼 5분간 쉬겠습니다. 지금 다른 반은 수업 중입니다. 복도에서 떠들지 말아 주십시오."

휴회 시간

부반장 우영이가 3층 학년부 교무실로 올라갔다. 수행 평가를 채점하던 담임이 두 눈을 크게 떴다.

"벌써 끝났어?"

"애들이 좀 예민해져서 쌤이 투표 참관인 당첨됐어요."

"오, 그래?"

계단을 내려오며 우영이가 안건과 토론 내용에 대해 대강 설명했다. 담임이 고개를 끄덕였다.

아이들이 교실에서 계속 웅성거리고 있었다. 노수철, 박혜림을 중심으로 한 '반대파', 봉사부가 주축인 '찬성파', 그리고 이게 무슨 일인지 아직 분위기를 파악 못 한 '어리둥절파'로 나뉘었다.

수철이가 봉사부를 턱짓으로 가리켰다.

"잘 알지도 못하는 전학생 때문에 애쓴다, 애써."

"우리나라에도 불쌍한 사람들은 많아. 그런데 우리가 왜 다른 나라 사람을 도와야 하지?"

혜림이가 말했다.

봉사부 아이들은 창가에 모여 있었다.

"반대가 꽤 센데?"

"어른들 하는 말 그대로 따라 하는 거야."

"뭔가 새로운 전략이 필요해."

담임이 교실로 들어서자 아이들이 제자리에 앉았다.

"오, 나의 사랑스러운 제자들아! 학급 회의 너무 열심히 하는구나. 열심히 하지 말지. 귀찮게 담임 호출씩이나 하고!"

아이들이 큭큭댔다. 회장이 칠판 앞 의자에 앉았다.

마지막 발언자

"그럼 표결을 시작하겠습니다. 마지막으로 발언할 사람 있습니까?"

그때 교실 뒤편에서 라일라가 손을 들었다. 모두 놀란 얼굴로 라일라를 바라봤다.

"어…… 라…… 라일라, 발언해 주십시오."

회장이 말을 더듬었다.

학급 회의가 진행되는 동안 라일라가 교실에 있다는 걸 회장은 알고 있었다. 그래서 다소 찜찜한 기분이 들었다. 안건과 관련된 당사자는 밖으로 나가 있어야 하는 게 아닌가, 잠시 고민하기도 했다. 하지만 정해진 규칙이 없었다. 회장도 어떻게 해야 할지 판단할 수 없었다. 이 모든 게 처음 있는 일이었다. 그런데 라일라가 손을 들고 당당하게 발언 신청을 한 것이다.

교실이 조용해졌다.

"친구들, 감사합니다. 친구들이 나를 위해 의논하고, 말합니다.

나는 한국 학교에서 행복합니다. 예멘에서 학교 못 갑니다. 전쟁하고 있습니다. 사람들이 다치고 죽습니다. 한국은 전쟁 없고, 안전하게 공부합니다. 나는 친구들 도움이 필요합니다. 나를 도와주세요. 한국에서 공부하고 싶습니다."

이상한 일이었다. 그 누구도 라일라가 자리에서 일어나 의견을 말하리라고 예상하지 못했다. 생각해 보면 당연한 일인데도 그랬다. 라일라 역시 다른 아이들과 동등한 자격으로 학급 회의에 참여하고 있었다. 그런데 이 당연한 사실을 미처 알지 못했던 것이다.

담임이 눈을 지그시 감았다. 민지가 훌쩍이더니 휴지로 코를 풀었다. 기침과 훌쩍이는 소리가 교실 여기저기서 들렸다.

찬반 표결

비밀 투표가 진행되었다. 아이들은 각자 쪽지에 찬성 또는 반대라고 썼다. 맨 뒷줄의 아이가 투표용지를 거뒀다.

담임이 지켜보는 가운데 개표가 시작됐다.

"반원 31명 중 찬성 20표, 반대 9표, 기권 2표로 집계되었습니다. 이로써 '새로 온 친구 돕기' 안건은 출석 과반수 이상으로 가결되었습니다."

회장의 말에 아이들이 박수를 쳤다.

안건 실천 방안

"그럼 안건 실천 방안에 대해 토론하겠습니다. 의견 있으신 분?"

우정이가 손을 들었다.

"봉사부에서 의논한 내용을 발표하겠습니다. 첫째, 탄원서나 손 피켓 등으로 라일라의 상황을 알릴 수 있습니다. 둘째는 연극이나 합창 공연을 하는 겁니다. 라일라의 상황을 알리고 홍보 활동도 함께 할 수 있습니다."

회장이 우정이의 의견을 칠판에 적었다.

"다른 의견 있습니까? 네, 송진우."

"느티나무 예술제에서 연극이나 합창 공연을 하면 될 것 같습니다. 하지만 라일라의 상황을 알리는 건 지금 당장 시작해야 하지 않을까요?"

진우가 발언을 이어 갔다.

"홍보는 SNS로 하면 됩니다. 유튜브 영상을 만들거나, 청와대 국민청원에 참여할 수도 있습니다."

민지가 한 손을 들었다.

"유튜브와 국민청원, 찬성합니다."

갑자기 여기저기서 의견이 쏟아졌다. 평소라면 입을 꾹 다물고 있을 아이들도 아이디어를 냈다.

"탄원서 서명부터 시작해야 합니다."

"난민을 주제로 한 연극이 좋을 것 같습니다."

"유튜브 영상은 문화부가 만들어 보겠습니다."

회장이 칠판에 의견들을 적었다.

1. 청와대 국민청원

2. 탄원서

3. '느티나무 예술제' 연극 공연(주제: 난민)

4. 유튜브 영상 제작

"자, 이 의견들에 대해 자유롭게 토론해 주십시오. 네. 송진우."

"국민청원에 올리는 글은 탄원서에도 사용할 수 있습니다. 그럼 1번과 2번이 동시에 해결됩니다. 3번과 4번도 마찬가지입니다. 연극 공연을 휴대폰으로 찍어서 유튜브에 올리면 됩니다."

"오!"

아이들 사이에서 감탄사가 터져 나왔다.

민지가 손을 들었다.

"국민청원과 탄원서는 학습부가 맡으면 좋겠습니다. 연극 공연은 우리 봉사부에서 준비하겠습니다."

학습부장 진우가 즉석에서 학습부의 의견을 모았다. 찬성이었다.

"또 다른 의견 있습니까?"

더 이상의 의견은 나오지 않았다.

"그럼 이 제안들에 대해 각각 동의해 주십시오."

회장이 하나씩 동의 여부를 묻자 아이들이 차례로 박수를 쳤다.

"이제 좀 더 구체적인 계획이 필요합니다. 학습부와 봉사부가 다음 회의에서 세부 계획을 발표해 주십시오."

학급 회의가 끝나 가고 있었다.

"다음 주에 임시 학급 회의를 하겠습니다. 그럼 이것으로 제3회 학급 회의를 마치겠습니다. 모두 수고하셨습니다."

[5] 한나 아렌트가 1943년에 쓴 〈우리 난민들〉의 첫 단락에 나오는 내용이다. Hannah Arendt, "We Refugees", *The Jewish Writings*, ed. Jerome Kohn and Ron H. Feldman, Schocken Books, New York, 2007, pp. 264~274.

3

생각하는
사람의
미래는 밝다

특별 수업

도덕 시간이었다. 1교시 시작종이 울리자 담임이 특별 수업 선생님과 함께 교실로 들어섰다. 으뜸이가 앞자리에 앉은 찬희의 등을 쿡쿡 찔렀다.

"야, 우정이 엄마 아냐?"

"그런 거 같아."

"오늘 무슨 날이냐?"

"몰라. 조용히 해."

으뜸이가 우정이를 돌아봤다. 우정이는 눈길을 피하며 딴청을 부렸다.

담임이 말했다.

"전에 얘기한 대로 오늘은 특별 수업을 하는 날입니다. 이수진 선생님께서 오늘 수업을 해 주실 거예요."

"안녕하세요. 반갑습니다. 낯익은 얼굴들도 보이네요."

선생님이 라일라와 봉사부 아이들을 발견하고 미소 지었다.

"저는 이수진입니다. 저기 창가에 앉은 정우정 엄마예요. 대학에서 철학을 가르치고 있습니다. 오늘 즐거운 공부 시간이 되길 바랍니다."

우정이는 기분이 이상했다. 엄마가 평소와 달라 보였기 때문이었다. 바지 정장을 입고 안경을 쓴 건 아침에 출근하는 모습과 비슷했다. 그런데 뭔가 달랐다. 카리스마가 느껴졌다.

"오늘 수업 주제는 인간의 권리, 즉 인권입니다. 특히 '권리들을 가질 권리'에 대해 여러분과 함께 이야기해 보고 싶어요."

컴퓨터와 빔 프로젝터가 켜졌다.

"먼저 이분을 소개합니다."

화면에 커다란 얼굴 사진이 떴다. 짧은 곱슬머리, 주름진 얼굴, 커다란 두 눈. 우정이 엄마가 '철학자의 얼굴'이라고 부르는 사진이었다.

"혹시 이 할머니 아는 사람 있어요?"

아무도 대답하지 않았다. 태아 시절부터 그 사진을 봐 왔던 우정이도 잠자코 입을 다물었다.

이수진 선생님이 미소 지으며 말했다.

"한나 아렌트입니다."

화면을 클릭하자 또 다른 사진들이 보였다. 곱슬머리를 양 갈래로 많은 어린 시절, 손을 턱에 괴고 총명한 얼굴로 앉아 있는 20대 시절, 친구들과 나란히 선 중년 시절을 담은 모습들이었다.

이어서 한나 아렌트의 저서들이 소개되었다. 《전체주의의 기원》, 《인간의 조건》, 《예루살렘의 아이히만》 등이었다.

"한나 아렌트는 독일계 유대인이었습니다. 독일에서 태어나고 성장한 유대인이에요. 독일 사회는 1933년 히틀러가 수상으로 취임한 후 급격하게 변했습니다. 독일에 사는 유대인들을 탄압하기 시작한 거예요. 생명의 위협을 느낀 아렌트는 스물일곱 살이었던 1933년에 독일을 탈출했습니다."

화면에 사진 한 장이 보였다. 갈색 나치 제복을 입고 콧수염을 기른 무뚝뚝한 얼굴이었다.

"히틀러다!"

한 아이가 말했다. 대오를 맞춰 행진하는 군인들의 사진도 보였다. 팔을 앞쪽으로 뻗은 병사들이 "하일 히틀러!(히틀러 만세!)"하며 외치는 소리가 들려오는 것 같았다.

반 아이들의 눈이 초롱초롱해졌다.

"그때부터 한나 아렌트는 국적이 없는 상태로 살았어요. 1933년에 독일을 탈출한 이후 미국에서 시민권을 갖게 된 1951년까지 난민으로 살았던 거예요."

민지가 손을 들고 질문했다.

"그럼 18년 동안이나 난민이었는데요. 목숨이 위험했던 때는 없었나요?"

"물론, 생명이 위험했던 순간들이 많았어요. 그중에서도 독일을 탈출해서 프랑스에 도착했던 1933년, 그리고 프랑스에서 수용소를 탈출했던 1940년이 가장 위험했다고 할 수 있어요."

찬희가 한 손을 들었다.

"한나 아렌트도 수용소에 끌려갔나요?"

"네."

아이들 사이에서 아! 하는 탄식이 터졌다.

"하지만 여러분이 생각하는 유대인 수용소는 아니었답니다. 아렌트가 갇힌 곳은 프랑스 남부의 귀르 수용소였어요. 아까 아렌트가 독일을 탈출해서 프랑스로 갔다고 했죠? 그런데 제2차 세계 대전이 발발한 후 독일이 프랑스의 일부 지역을 점령했어요. 그러자 프랑스는 국내의 독일계 유대인들을 '적국 국적자(적국에 속한 외국인)'로 분류해서 수용소에 가둔 거예요."

민지가 다시 손을 들었다.

"그럼, 한나 아렌트는 독일과 프랑스 모두에 박해를 받은 거네요?"

"네, 맞아요. 독일에서는 유대인이라는 이유로, 프랑스에서는 독일인이라는 이유로 박해받은 거예요."

선생님이 아이들을 찬찬히 둘러보았다.

"자! 그럼, 오늘 주제에 대해 본격적으로 얘기해 볼까요?"

"네!"

"한나 아렌트가 미국에서 영어로 쓴 첫 책이 《전체주의의 기원》이에요. 바로 이 책이죠."

화면에 두꺼운 책 두 권이 떴다. 으뜸이가 한 손을 번쩍 들었다.

"전체주의가 뭐예요?"

"일반적으로 전체주의는 개인의 모든 활동을 전체, 즉 국가나 민족의 이익을 위해 사용해야 한다는 전제 아래 개인의 자유를 억압하는 사상 및 체제를 의미해요. 독일의 나치즘이 대표적인 전체주의 사상이라고 할 수 있어요."

선생님이 화면 속의 책을 가리켰다.

"아렌트가 《전체주의의 기원》을 쓰게 된 직접적인 계기는 유대인으로서 박해를 받았기 때문이었어요. 유대인이어서 죽을 고비를 넘겼고 18년 동안 난민으로 살았던 거잖아요? 그래서 그 이유를 알고 싶었던 거죠. 도대체 유럽에서 전체주의가 왜 기승을 부리게 되었을까. 전체주의 아래에서 왜 유대인들이 핍박을 받았을까. 그 역사적 기원을 파헤치고 싶었던 거죠."

반장 대호가 손을 들고 말했다.

"유대인들은 구두쇠나 고리대금업자들 아닌가요?"

"우리 반장은 책을 많이 읽었네요. 그래요. 동화나 소설에서 유대인은 흔히 구두쇠나 자린고비 영감 캐릭터로 나와요. 그런데 사실 이런 이미지 자체가 편견에서 나온 거예요. 당시 유럽에 퍼진 반유대주의 사상에서 만들어진 고정 관념인 거죠. 반유대주의란, 유대인을 박해하고 차별하는 이념과 행동인데요. 이런 게 왜 생겼는지 그 기원을 분석하고 파헤친 책이 바로 《전체주의의 기원》이에요."

이수진 선생님이 말을 이어 갔다.

"아렌트는 반유대주의가 퍼진 이유 중 하나가 유대인들이 유럽에서 정치 공동체를 형성하지 않았기 때문이라고 생각했어요. 자신들의 권익을 대변하는 공동체를 만들어서 정치적 목소리를 내지 않았기 때문에 박해를 받았다고 본 거지요. 그래서 아렌트는 정치적으로 활동하는 것과 사유하는 능력이 중요하다고 말했어요."

이어지는 화면에 다음 질문이 적혀 있었다.

'인권이란?'

선생님이 교실 안을 둘러보았다.

"누구 대답할 사람?"

진우가 손을 들었다.

"인간이라면 누구나 갖는 권리가 인권입니다."

"네. 맞아요. 인간으로서 당연히 누려야 하는 자유와 권리가 바로 인권이에요. 그런데 국적이 박탈된 유대인들은 당시에 인권을 누릴 수 없었다고 한나 아렌트는 지적했어요. 자, 한번 생각해 보세요. 유대인 수용소에 갇혔던 수많은 유대인들은 그때 인권을 존중받았나요?"

"아뇨."

"아렌트는 바로 이 점을 주목했어요. 당시 유대인들처럼 국적이 박탈되거나 시민권을 갖지 못한 이들은 인권을 누릴 수 없었다는 거지요. 그래서 인권을 누릴 수 있는 사람과 그렇지 않은 사람들 사이에 엄청난 격차가 있다는 점을 지적했어요.

몇몇 아이가 고개를 끄덕였다.

"지금도 우리 주변에는 인권을 존중받지 못한 사람들이 많잖아요? 고국을 떠난 난민들이 있고요. 같은 나라 안에서도 권리를 보장받지 못하는 소수 민족, 장애인, 성 소수자들이 있어요."

앞줄의 한 아이가 고개를 돌려 라일라를 바라봤다.

"자, 이제 요약하도록 해요."

《전체주의의 기원》 책 표지가 화면에 다시 나왔다.

"이 책에서 한나 아렌트는 '권리들을 가질 권리'에 대해 말했어요. 인간이 '권리들'을 갖기 위해선 한 국가의 시민이 될 권리, 또는 적어도 조직된 공동체에 속할 권리가 반드시 필요하다고 한 거예요. 인간이 권리들을 갖기 위해서는 집단의 권익을 대변할 수 있는 정치 공동체가 반드시 필요하다는 거지요."

이번에는 진우가 손을 들었다.

"학생회도 정치 공동체라고 할 수 있나요? 그리고 학급 회의도 정치 활동인가요?"

"오! 좋은 질문이에요."

이수진 선생님의 얼굴이 환해졌다. 우정이는 피식 웃음이 나왔다. 언제 어디서든 '좋은 질문'을 만나면 엄마는 표정을 숨기지 못했다. 얼굴에 광채가 돌고 눈빛이 반짝였다.

"학생들의 권익을 대변하고 있으니까 학생회는 정치 공동체라고 할 수 있어요. 학급 회의 역시 정치 활동입니다. 안건을 내고, 자유롭게 의견을 말하고, 서로 다른 의견을 조율한 후에 투표를 통해 결론에 이르는 과정 자체가 '정치'이니까요."

선생님이 이어서 말했다.

"여러분이 난민 친구를 돕기 위해 국민청원과 탄원서를 준비하고 있다고 들었습니다. 여러분은 지금, 정확히, 한나 아렌트가 의미하는 정치 행위를 하고 있는 거예요. 만약 한나 아렌트가 살아 있다면 여러분의 활동을 적극 지지할 거예요. 저도 여러분을 지지합니다."

"오!"

아이들 사이에서 감탄사가 터져 나왔다.

화면에《인간의 조건》책 표지가 나타났다.

"인간은 기본적으로 동등하지만, 각자 상황이나 입장이 다릅니다. 그래서 차이를 갖게 돼요. 동등하지만 차이를 가진 사람들이 이 세상을 살아가는 상황을 한나 아렌트는, 하나가 아니라 여럿이 존재한다는 의미에서, '복수성'이라고 불렀습니다. 그리고 이것을 '인간의 조건' 중 하나라고 보았습니다. 아렌트가 바로 《인간의 조건》에서 설명한 내용이에요."

이수진 선생님이 아이들을 둘러보았다.

"동등하지만 차이를 가진 사람들이 더불어서 살아가는 것, 이게 인간의 조건 중 하나입니다."

다음 화면을 클릭하자 유대인 수용소 내부가 나타났다.

여기저기서 아! 하는 탄식이 들렸다. 줄무늬 죄수복을 입은 수감자들이 철책 안에 갇혀 있었다.

"어떻게 해서 그렇게 수많은 유대인들이 수용소에 끌려가서 죽임을 당했을까. 한나 아렌트는 오랫동안 의문을 품었어요. 물론, 일차적인 책임은 독일과 유럽의 정치인들에게 있지요. 그런데 아렌트는 그런 끔찍한 정책을 환호하거나 모른 체한 독일과 유럽의 시민들에게도 잘못이 있었다고 판단했어요."

다시 새 화면이 나왔다.

나치 제복을 입은 젊은 군인의 사진과 그의 중년 모습 사진이 보였다. 중년의 그는 안경을 쓰고 법정에 서 있었다.

진우가 손을 들고 말했다.

"나치 친위대 장교입니다! 아돌프……."

"네. 아돌프 아이히만입니다. 당시에 유럽 각국에 흩어져 있는 유대인들을 체포해서 체계적인 열차 수송 작전을 펼친 사람이지요. 이렇게 수송된 사람들은 모두 수용소에 갇혔어요. 바로 유대인 학살의 주범입니다."

진우가 다시 말했다.

"이 사람 나오는 영화도 봤어요."

"네. 아이히만을 다룬 영화와 다큐멘터리가 있어요."

영화 〈오퍼레이션 피날레〉와 다큐멘터리 〈아이히만 쇼〉의 포스터가 화면에 떴다.

"아까 아렌트의 《예루살렘의 아이히만》이라는 책이 있었죠? 영화와 다큐멘터리는 바로 이 책이 다룬 주제를 중심으로 해서 만들어졌어요."

민지가 제목을 노트에 적었다. 나중에 검색해 보려는 것이었다.

"아이히만은 독일이 패전한 후 아르헨티나에서 가명을 쓴 채 숨어 살고 있었어요. 그러다가 1960년 5월에 이스라엘 비밀 정보기관 모사드에 체포되었지요. 이후에 아이히만 공개 재판이 열렸어요. 그때 미국에 살던 아렌트는 이스라엘로 가서 직접 재판을 참관했어요."

선생님이 아이들을 둘러보았다.

"수많은 사람들을 죽인 아이히만은 어떤 사람일 것 같아요?"

"악마 같은 사람이요."

"잔인하고 포악한 사람이었을 것 같아요."

선생님이 대답했다.

"그런데 재판을 지켜보았던 아렌트는 아이히만이 누구보다도 성실하고 근면했던 관료라고 말했어요."

"헐."

으뜸이의 목소리였다. 으뜸이가 질문했다.

"수많은 사람들을 죽였는데 성실하고 근면한 사람이라니요?"

"아렌트가 주목한 점이 바로 그거였어요. 아이히만이 괴물이나 악마가 아니라 평범한 사람이었다는 사실이요. 정부의 중간 관리자인 그는 자신이 맡은 임무를, 그게 유대인 학살이었는데도, 체계적이고 성실하게 수행한 거지요."

선생님의 설명이 이어졌다.

"이 재판을 지켜보면서 아렌트는 아이히만에게 세 가지 능력이 없다는 걸 알게 됐어요. 언어를 통해 의견을 주고받는 '말하는 능력', 스스로 생각하고 비판적으로 사고하는 '사유하는 능력', 그리고 다른 사람의 입장에서 생각하는 '공감하는 능력', 이 세 가지입니다. 아이히만은 자신이 무슨 일을 하는지도 모르고 그저 상부의 명령을 따랐던 것입니다."

선생님이 교실 뒤편에 걸린 급훈을 바라보았다.

"여러분 반 급훈이 뭐죠?"

아이들이 합창하듯 대답했다.

"생각하는 사람의 미래는 밝다."

"네. 훌륭한 급훈입니다."

이수진 선생님이 담임을 바라보았다. 담임이 장난스럽게 턱을 치켜들며 우쭐한 표정을 지었다.

"한나 아렌트는 스스로 생각하고 비판적으로 사고하는 것을 중요하게 여겼어요. 그렇지 않으면……."

선생님이 말을 멈추자 담임이 문장을 이었다.

"자신도 모르게 악행을 저지를 수 있습니다."

그 순간, 으뜸이는 움찔 놀랐다. 아무 생각 없이 남들이 하는 말과 행동을 따라 한 적이 많았다는 생각이 들자 등골이 오싹해졌다.

"역시 담임 선생님이 명쾌하시네요. 여러분, 담임 선생님이 예전에 연극배우로 활동했다는 거 알고 있었나요? 대본도 쓰고 연출도하고, 재주꾼이셨답니다."

담임이 양손을 휘휘 내저었다.

"뭘 또 이렇게 숨은 장점을 널리 알려 주시고……."

담임이 익살스럽게 미소 지었다.

"자, 여러분. 이수진 선생님과 유익한 시간 보냈나요?"

"네!"

"오늘 특별 수업을 진행하신 선생님께 박수 부탁드려요."

"저도 즐거웠어요. 감사합니다."

1교시를 마치는 벨이 울렸다.

연출부 첫 회의

봉사부장 민지가 연극을 총지휘하기로 했다. 봉사부가 자연스럽게 연출부로 바뀌었다. 공연 시기와 장소는 일찌감치 정해졌다. 느티나무 예술제가 열리는 가을 축제 때 체육실에서 공연을 하기로 했다.

3월의 마지막 토요일. 연출부 첫 회의가 우정이네 집에서 열렸다.

민지, 으뜸이, 찬희가 우정이네 집으로 모였다.

"앗싸!"

현관문을 열자마자 으뜸이가 환호성을 질렀다. 막 배달된 치즈 피자 박스가 문 앞에 놓여 있었다. 우정이가 피자 박스를 주방으로 옮기고 접시, 포크, 컵 등을 세팅했다. 아이들이 식탁에 둘러앉았다.

우정이가 냉장고에서 샐러드 접시를 꺼냈다. 샐러드에 드레싱을 끼얹은 후 식탁 가운데로 접시를 밀었다. 민지가 피자를 오물거리며 물었다.

"피자에 웬 샐러드?"

"정우정 채식하잖아."

으뜸이가 대답했다.

"맞네."

"정우정이는 영화 〈옥자〉 본 다음부터 채식 시작했대."

으뜸이가 말했다. 민지가 우정이를 돌아보았다.

"근데 넌 왜 채식해?"

"지구를 위해서. 채식하면 환경이 덜 오염되잖아."

우정이가 덤덤하게 대답했다.

피자를 다 해치운 아이들이 우정이 방으로 몰려갔다.

방바닥에 책들이 쌓여 있었다. 엄마의 조언에 따라 우정이가 미리 골라 둔 책들이었다. 대본 회의 때 참고할 생각이었다.

"어? 못 보던 거네?"

방 안을 둘러보던 으뜸이가 창가의 화분을 눈여겨보았다. 라일라가 선물한 화분이었다. 민지도 관심을 보였다.

"정우정, 이런 캐릭터였어?"

화분에 심긴 묘목은 높이가 30센티미터 정도였다. 여러 갈래로 뻗은 가지에 손톱만 한 이파리들이 옹기종기 달려 있었다. 연녹색 이파리들이 햇살에 반짝거렸다. 민지가 화분의 팻말을 들여다보았다.

"미스김라일락! 특이한 이름이다."

민지가 휴대폰을 검색했다.

"수수꽃다리속에 속한 식물이며 병해충에 강하다. 라일락의 한 품종이며 꽃봉오리가 필 때는 진보라색이고……."

민지가 휴대폰 속 사진을 아이들에게 보여 주었다.

"보라색이 엄청 예쁘다."

민지가 꽃말을 알려 주었다. 첫사랑 또는 젊은 날의 추억이었다. 화분을 선물한 사람도, 받은 사람도 몰랐던 꽃말이었다.

"뭐? 첫사랑? 젊은 날의 추어어억?"

으뜸이가 놀려 댔다. 찬희도 우정이를 압박했다.

"빨리 고백해. 누구야?"

우정이의 얼굴이 발그레했다.

"어, 엄마가…… 선물 받은 거야."

우정이가 말을 더듬었다. 거짓말은 아니었다. 라일라 가족이 선물한 거니까. 그런데도 괜히 가슴이 뜨끔했다. 으뜸이가 우정이의 얼굴을 뜯어보았다.

"수상해, 수상해!"

아이들이 방바닥에 앉아서 책들을 들춰 보았다.

"오, 대박! 이것 봐!"

찬희가 책 속의 사진을 가리켰다. 특별 수업 시간 때 봤던 한나 아렌트의 어린 시절 사진이었다.

"지금 보니까 라일라랑 똑같아!"

아이들이 머리를 맞대고 자세히 들여다보았다.

"그러네. 싱크로율 장난 아니다!"

양 갈래로 땋은 곱슬머리와 이목구비가 라일라와 꼭 닮았다. 피부색은 서로 달랐지만 흑백 사진 속 모습은 틀림없이 닮은꼴이었다.

"학급 회의 때 연극 주제는 난민으로 하기로 했지?"

"응."

"한나 아렌트 이야기와 연결할 수 있을 것 같아."

"그래. 한나 아렌트가 18년 동안 난민 신분이었다고 했으니까."

"그럼 아예 라일라가 주인공 역할을 하는 건 어때?"

"라일라가 과연 한국말로 대사를 할 수 있을까?"

"그건 그래."

"우리가 도와주면 되지 않을까?"

"일단 라일라한테 한번 물어보자."

민지가 라일라에게 메시지를 보냈다. 라일라는 식당에서 엄마 일을 돕고 있었다. 식당이 한가해지는 3시쯤에 우정이 집으로 올 수 있다고 했다.

"우정이 엄마가 얘기하셨던 탈출 장면도 넣자."

"어떤 탈출 장면?"

"독일에서 탈출할 때나 거기…… 프랑스 귀르 수용소……."

"오! 스릴 있겠다!"

갑자기 으뜸이가 엉뚱한 말을 꺼냈다.

"나 독일군은 절대 안 해!"

아이들의 눈길이 으뜸이에게 쏠렸다. 으뜸이는 체격이 크고 눈이 부리부리했다.

"좋아! 으뜸이가 독일군 장교 하면 되겠다."

민지의 말에 으뜸이가 고개를 세차게 흔들었다.

"싫어! 나 안 한다니까!"

찬희가 키득댔다. 민지가 찬희를 돌아보았다.

"박찬희, 너도 당첨! 독일군은 여러 명이 필요해."

찬희가 인상을 찡그리며 우정이를 턱짓으로 가리켰다.

"쟤는? 정우정이 독일군 하면 나도 할게!"

민지가 빙글거리며 대꾸했다.

"정우정은 캐릭터 안 맞아. 쟤는 채식주의자, 평화주의자."

"뭐얏?"

으뜸이와 찬희가 동시에 발끈했다.

"그럼 우린 악랄한 독일군 캐릭터야?"

셋이 옥신각신할 때 현관 벨이 울렸다. 라일라가 도착했다.

아이들의 설명을 들은 라일라는 생각에 잠겼다. 잠시 후 라일라가 고개를 끄덕였다.

"어렵지만, 나, 해 보겠습니다!"

민지가 담임에게 메시지를 보냈다. 연극의 주제와 주인공을 정했다는 내용이었다. 잠시 후 담임이 영상 전화를 걸어왔다.

"오, 나의 사랑스러운 제자들아. 토요일인데 수고가 많구나."

"안녕하세요!"

아이들이 인사했다.

"주제 정했으면 자료 조사부터 시작하자. 그런 다음에 대본을 써야 하고 그다음엔⋯⋯."

담임이 해야 할 일들을 설명했다.

가장 급한 건 대본 완성이었다. 대본이 나와야 캐스팅을 하고 연습을 시작할 수 있었다. 음향, 음악, 의상, 소품 등도 정해야 했다. 총연출과 조연출을 비롯해 역할도 결정해야 했다. 반 아이들 전체가 협동해야 연극 무대를 올릴 수 있었다.

담임이 말을 이었다.

"일단 모둠별로 나눠서 일을 진행하자. 모둠당 네 명이나 다섯 명이 필요해. 대본, 배우, 무대·음향, 의상·소품, 연출. 이렇게 적어도 다섯 모둠이 필요해."

담임의 설명을 들으며 아이들은 '허얼!'을 연발했다. 연극이 이렇게 복잡한 과정을 거쳐 완성된다는 사실을 미처 몰랐다.

"그래서 사랑스러운 제자들아, 오늘은 그냥, 전체적인 아이디어 회의만 하면 되겠다."

담임이 콕 집어서 당장 할 일을 알려 줬다.

통화를 마친 아이들이 단체로 한숨을 내쉬었다.

"와, 머리 아파!"

으뜸이가 머리를 양손으로 감쌌다.

"생각보다 장난 아니다."

찬희도 고개를 저었다.

"그래도 우린, 할 수 있다!"

민지가 연출부 지휘자답게 파이팅을 외쳤다.

잠시 후 모두가 폭풍 검색을 시작했다. '한나 아렌트 독일 탈출', '한나 아렌트 프랑스 수용소 탈출' 등의 검색어를 입력했다. 중요한 내용은 각자 스크린숏으로 저장했다.

"아렌트가 독일을 탈출한 건 나치 돌격대에 체포되었다가 풀려난 직후였어."

"맞다. 그때 8일 동안 갇혀 있었네. 근데 왜 체포된 거지?"

"반유대주의 증거를 수집했어."

"반유대주의가 뭐였지? 우정이 엄마가 특별 수업 시간에 설명하셨는데."

"유대인을 박해하고 차별하는 이념과 행동이야. 히틀러가 집권한 후에 독일에 반유대주의가 심해졌는데, 아렌트가 도서관에서 그 증거들을 수집하다가 체포된 거야."

"그때 독일을 탈출한 후에 18년 동안 난민으로 살았다는 거지?"

"응. 무국적자 난민으로 살았던 경험이 한나 아렌트 사상의 뿌리라고 해."

한나 아렌트의 두 번째 탈출 사건으로 화제가 옮겨 갔다. 제2차 세계 대전 때 독일이 프랑스 일부를 점령하자 프랑스 정부가 독일인들을 수용소에 가두었다. 독일 출신 유대인이었던 아렌트는 다른 유대인 여성들과 함께 프랑스 귀르 수용소에 갇혔다.

"프랑스가 유대인들을 집단 수용소로 보낸 거네."

"말도 안 돼! 나치를 피해 독일을 탈출한 유대인들을 수용소에 가두다니!"

"그런데 한나 아렌트는 어떻게 수용소에서 탈출했지?"

아이들이 말을 멈췄다. 프랑스 귀르 수용소에서 아렌트가 어떻게 탈출했을지 궁금했다. 민지가 검색창을 열었다. '한나 아렌트 귀르 수용소 탈출'이라고 입력하자 화면에 책 한 권이 떴다.

"오! 이거 여기 있어!"

우정이가 방바닥에서 책을 찾아냈다. 아렌트의 생애와 사상을 엮은 그래픽 노블이었다.[6] 아렌트가 프랑스 귀르 수용소를 탈출한 상황이 묘사되어 있었다. 우정이가 내용을 요약했다.

"1940년 6월, 나치 돌격대가 파리 시내를 점령하자 프랑스 전체가 혼란에 빠졌어. 귀르 수용소도 마찬가지였고. 아렌트는 수용소가 혼란에 빠졌으니 석방 허가서를 들고 당장 떠나자고 다른 수감자들을 설득했어. 거기에 6,800명 정도의 유대인 여성들이 수감되어 있

생각하는 사람이 미래를 바꾼다

3

었어.”

“그래서 모두 탈출했어?”

“다른 수감자들은 움직이지 않았어. 가족이 찾아올지도 모르니 상황을 좀 더 지켜본 후에 행동하려고 한 거야. 결국 아렌트와 몇몇 사람들만 빠져나갔지. 그 후 귀르 수용소는 독일군 수중으로 넘어갔고 남은 사람들은 수용소를 빠져나갈 수 없었어.”

“오 마이 갓!”

“수용소를 탈출한 아렌트는 며칠 동안 걸어서 모뷔송이라는 마을에 도착했대. 그런데 거기서 기적처럼 남편을 만났어. 아렌트의 남편도 다른 수용소에서 탈출한 후 거기로 왔던 거야. 그다음엔 남프랑스의 마르세유로 갔다가 포르투갈의 리스본을 거쳐서 미국행 증기선을 탈 수 있었어.”

“와! 아렌트는 진짜 운이 좋았구나!”

“맞아. 행운이 겹쳐져서 간신히 살아남았어.”

그때 민지가 아이들에게 물었다.

“탈출 장면은 둘 중 하나만 정해야 하지 않을까?”

“맞아.”

“1번 독일 탈출, 2번 프랑스 귀르 수용소 탈출, 어떤 걸로 할까?”

“난 2번! 수용소 탈출이 더 극적이야.”

찬희가 먼저 의견을 말했다. 으뜸이는 어느 것이나 상관없다고 했다.

"우정이는?"

"난 1번. 아렌트는 유대인이라는 이유로 난민이 된 거니까, 맨 처음에 난민이 된 상황이 중요할 것 같아."

"그러네. 주제가 난민이니까."

민지가 대답했다. 찬희가 불만스러운 얼굴로 민지에게 말했다.

"야, 넌 정우정 하는 말은 다 오케이냐?"

"설득력 있잖아."

"설득력 좋아하네. 암튼 너희 둘 수상해!"

으뜸이가 짓궂은 표정으로 창가의 화분을 손가락으로 가리켰다.

"이거 이민지 네가 선물한 거냐?"

민지가 고개를 저었다. 우정이가 재빨리 대답했다.

"이민지 아냐!"

"그럼 누구?"

으뜸이가 "누구야? 누구?" 하고 재차 물었다. 그때 라일라가 창가의 화분을 알아보았다. 라일라가 입술을 달싹이자 우정이가 재빨리 소리쳤다.

"라일라! 라일라…… 어머니께서 주셨어."

"오!"

으뜸이가 은근한 눈빛으로 우정이와 라일라를 바라봤다.

민지가 화제를 돌렸다.

"야! 우리 시간 없어. 곧 학원 가야 하잖아. 빨리 다른 내용도 찾아보자."

아이들이 다시 검색을 시작했다. 검색하다가 의견을 주고받은 후 다시 검색을 했다. 잠시 후 누가 독일군 장교 역할을 맡느냐로 다시 입씨름이 벌어졌다.

아렌트를 심문한 독일군 장교는 그다지 악질이 아니었다고 우정이가 말했다. 아렌트가 풀려날 수 있도록 남몰래 도움을 줬다고 설명했다. 으뜸이가 결국 독일군 장교 역할을 맡기로 했다.

연극의 줄거리와 장면은 앞으로 연출부 회의를 통해 정하기로 했다. 대본은 우정이와 민지가 공동으로 쓰기로 했다. 우정이와 민지가 대본을 써 오면 다 함께 읽고 다시 의견을 나누기로 했다.

대본 완성이 첫 번째 목표였다.

"우리, 구호 한번 외치자."

민지가 제안했다.

"야! 빨리 하자. 이거 해야 해산할 수 있다."

찬희가 재촉하자 아이들이 둥글게 모여 섰다.

"아자, 아자, 파이팅!"

아이들의 우렁찬 목소리가 방 안에 울려 퍼졌다.

한나의 일기

우정이와 민지는 연극 대본을 쓰기 위해 본격적으로 자료 조사를 시작했다. 맨 먼저 한나 아렌트가 어떤 사람인지 알아야 했다. 어린 시절은 어땠는지, 가족이나 친한 친구는 누구였는지, 독일과 프랑스를 탈출하던 때의 상황은 어땠는지 파악해야 했다.

우정이는 엄마의 서재에서 노트 한 권을 찾아냈다. 책장에 꽂혀 있는 얇은 인쇄물이었다. 스프링 노트의 표지에 '한나의 일기'라고 적혀 있었다.

엄마에게 물어보니 초고 상태의 번역 원고라고 했다. 엄마가 우연히 발견한 독일어 원서인데 틈틈이 한글로 번역하고 있다고 했다.

우정이는 노트를 넘겨 보았다. 날짜별로 정리된 일기 형식의 글이었다. 하루 일정을 기록한 짧은 메모도 있고, 서너 페이지가 되는 글도 있었다. 특히 회상이나 철학적 단상은 여러 페이지에 걸쳐서 이어졌다.

노트를 넘기던 우정이의 눈길이 멈췄다. "올해 나는 열다섯 살이 됐다."라는 문장이 있었다. 우정이도 올해 열다섯 살이었다.

〈한나의 일기〉[7]

올해 나는 열다섯 살이 됐다. 작년과 올해는 내게 잊지 못할 해가 될 것이다. 내 인생의 두 가지 중요한 사건이 작년과 올해에 연달아 일어났다.

엄마가 재혼하다

작년에 일어난 가장 큰 사건은 엄마의 재혼이었다.

아빠는 무시무시한 병을 앓다가 내가 일곱 살 때 세상을 떠났다. 내가 태어났을 때부터 아빠는 병에 시달리고 있었다. 그래서 내 머릿속에서 아빠는 '아픈 사람'으로 저장되어 있다. 세상을 떠나기 직전에 아빠는 특히 고약하게 굴었다. 얼굴이 해골처럼 변했고 몸이 바싹 말라 갔다. 정신 착란이 심해져서 아빠는 내가 누군지 알아보지도 못했다.

엄마와 결혼한 베어발트 씨는 오랫동안 우리 가족의 친구였다. 아저씨는 콧수염을 기르고 모닝코트를 즐겨 입는 멋쟁이였다. 아빠가 세상을 떠났을 때 아저씨네 가족이 엄마와 나를 위로했다. 3년 후, 헬레네 아줌마가 당뇨병으로 돌아가셨을 땐 엄마와 내가 아저씨네 가족을 위로했다. 엄마와 아저씨는 서로의 슬픔을 위로하며 가까워졌다.

아저씨가 친절한 사람이란 건 분명했다. 하지만 엄마를 다른 사람과 공유한다는 건 전혀 다른 문제였다. 두 블록 떨어진 곳에 사는 이웃집 아저씨를 갑자기 아빠라고 불러야 하는 것도 이상했다. 돌아가신 아빠가 그리운 건 아니었다. 아빠는 오랫동안 병으로 고통받았다. 어쩌면 드디어 병에서 해방되어서 하늘나라에서 편히 쉬고 계실지도 몰랐다.

그냥, 엄마를 잃어버린 기분이었다.

나는 급격히 우울해졌다.

작년 2월에 베어발트 씨 집으로 이삿짐을 옮겼다. 날씨가 우중충하고 보도블록에 눈이 쌓인 겨울 아침이었다. 아저씨 집 현관에서 클라라와 에바 언니가 우리를 기다리고 있었다. 갑자기 언니가 둘이나 생겼다. 예전부터 알던 언니들이었다. 하지만 성격이 나와는 딴판이었다. 둘 다 조용하고 고분고분했고 학교의 규칙도 잘 따랐다.

나는 누군가의 지시를 따르는 타입이 아니었다. 명령은 딱 질색이었다.

'난 스스로 생각하고 판단하길 원해. 그래야 나만의 삶의 방식을 찾을 수 있어.'

주변 어른들은 내가 고집이 세다고 비난했다. 학교 선생님들도 마찬가지였다. 하지만 엄마는 나를 지지했다. 독립적인 인간이 되어야 한다고 어릴 때부터 내게 강조한 사람이 바로 엄마였다.

나는 닥치는 대로 책을 읽었다.

내 우상은 이마누엘 칸트이다. 그는 내가 사는 쾨니히스베르크에서 태어나 평생 이곳에서 살았다. 이 도시에서 살았던 사람들 중에서 그는 가장 똑똑한 사람이다.

《순수이성비판》을 포함해서 나는 칸트의 책을 탐독하고 있다. 낭만주의 소설과 학교에서 금지하는 현대 소설도 닥치는 대로 읽는 중이다. 괴테의 시도 읽고 있다. 나는 시인이 되고 싶다. 그래서 남몰래 노트에 시를 쓰고 있다.

집에서는 점점 독불장군이 되어 간다.

베어발트 씨는 안절부절못했다. 도대체 나를 어떻게 다뤄야 할지 몰랐기 때문이었다. 마침내 그는 간단한 해결책을 찾아냈다. 나에 대한 모든 권한을 엄마에게 떠넘긴 것이다. 이제 그는 마음씨 좋은 새아빠 역할만 할 수 있게 되었다.

언니들과는 끊임없이 싸웠다. 언니들이 보기에 나는 제멋대로 행동하는 고집불통 막내였다.

어느 날 에바 언니의 인내심이 폭발했다.

"한나!"

주방에서 언니가 소리를 꽥 질렀다.

"샌드위치를 다 먹어 치우면 어떡해!"

손님맞이 준비가 한창일 때였다. 오븐에서 갓 구워 낸 빵, 치즈, 샐러드, 으깬 감자 요리 등이 조리대 위에 놓여 있었다.

"손님용 샌드위치를 혼자 다 처먹은 거야?"

에바 언니의 얼굴이 벌겋게 달아올랐다.

"넌 도대체 어떻게 생겨 먹은 애니?"

"그게 손님용이란 걸 내가 어떻게 알 수 있지?"

"생각할 능력이 조금이라도 있다면 누구든 알 수 있지."

"난 배가 고팠다고!"

내 주변엔 온통 위선자들뿐이었다. 연극 무대를 꾸미는 것처럼 집을 장식한 후에 손님을 초대해서 웃고 떠드는 모습이 가식적으로 보였다. 도대체 왜 단란한 모습을 연출해서 남들에게 전시해야 한단 말인가? 모든 위선에 구역질이 났다.

내가 고함을 질렀고 에바 언니가 맞받아쳤다. 우리는 오직 서로에게 상처를 주기 위해서 거친 말을 주고받았다.

와장창! 주방에 걸린 벽시계가 바닥으로 떨어졌다. 시계추가 떨어지고 유리 파편이 사방으로 튀었다. 너무 놀라서 나는 에바 언니를 부둥켜안았다. 엄마가 주방으로 달려왔을 때 우리는 둘 다 엉엉 울고 있었다.

학교에서 퇴학당하다

올해 일어난 잊지 못할 사건은 내가 퇴학을 당한 일이었다.

나는 원래 학교생활에 어울리지 않았다. 엄격한 규칙, 주 6일제 수업, 너무 이른 등교 시간 등이 내 생활 패턴과 맞지 않았다. 나는 밤늦게까지 공부하고 아침에 늦게 일어났다. 그래야 시간을 효율적으로 사용할 수 있었다.

나는 선생님에게 제안했다.

"아침 8시 수업 시간에는 혼자서 자습을 하고 싶어요."

아침 8시에 공부하는 호메로스의 작품은 내 방 소파에서 가장 잘 이해할 수 있었다. 나는 그리스어를 독학으로 공부하며 소포클레스의 〈오이디푸스왕〉을 원서로 읽고 있었다. 하지만 아침 8시 수업에 참석할 수 없다고 하자 나는 학교에서 문제아로 찍혀 버렸다.

엄마는 내가 협상을 해야 한다고 말했다. 선생님들을 논리적으로 설득하라고 조언했다. 엄마는 내 능력을 믿어 주었다. 그래서 나는 학교 당국을 설득했다. 엄마가 중재자로 나섰고 나는 아침 8시 수업을 자습으로 돌리는 데 성공했다. 대신에 특별 시험을 치르기로 했다. 혼자서 교과목 내용을 잘 공부했는지 점검하는 시험이었다.

반 아이들은 나를 괴짜라고 여겼다.

"재는 이상해."

"책벌레야. 계속 책만 읽어."

"머리가 비상해. 모든 걸 암기한대."

"그리스어로 연극 공연을 한대. 못 말려."

점심시간이 되면 나는 사색에 잠긴 채 운동장을 돌았다. 여자애들은 닭처럼 한데 모여 수다를 떨고, 남자애들은 망아지처럼 운동장에서 뛰어다니는 시간이었다. 나는 고독한 시간이 필요했다. 일정한 보폭으로 운동장을 걸으면 머리채가 앞뒤로 흔들렸다.

그리스어를 공부하면서 연극 동아리를 만들었다. 멤버들과 함께 그리스 비극 작품을 연구하고 무대에 올렸다. 내가 직접 번역해서 연극 대본을 썼다. 한스와 몇몇 친구들이 동아리에 합류했다. 내 방은 연극 동아리의 아지트가 되었다.

나는 나이 많은 대학생들과 대화하는 게 좋았다. 사촌 오빠 에른스트가 대학에서 다양한 종류의 팸플릿을 가져다주었다. 사촌 오빠도 내 방의 단골손님이 되었다.

어느 날, 사건이 터졌다.

학교 선생님이 수업 시간에 모욕적인 발언을 했고 나는 즉시 그에게 사과를 요구했다. 선생님의 발언 내용은 굳이 밝히고 싶지 않다. 중요한 건 내가 불의에 이의를 제기했고 사과를 요구했다는 사실이었다. 하지만 선생님은 오히려 나를 문제아로 낙인찍어 궁지에 몰아넣었다.

나는 그 선생님의 수업을 거부했다.

반 아이들에게도 수업 거부에 동참해 달라고 호소했다. 수업 거부를 주동한 사실이 알려지자 학교가 발칵 뒤집혔다. 엄마가 교장실로 호출되었다. 하지만 엄마는 이번에도 나를 믿어 주었다. 교장 선생님에게도 엄마는 그렇게 의견을 밝혔다. 내가 문제를 제기한 방식과 절차가 지극히 합리적이었다고 엄마는 말했다.

나는 결국 퇴학 처분을 받았다.

"괜찮아. 넌 좀 더 자유롭고 넓은 환경에서 공부해야 해."

엄마는 여전히 나를 지지했다.

학교를 그만두자 시간이 많아졌다. 그래서 공부와 독서에 더 몰입할 수 있었다. 나는 베를린대학교로 가서 교양 과목을 수강했다. 대학교의 청강생이 된 것이다. 대학 기숙사에서 살면서 관심 있는 과목들을 공부했다. 그리스어, 라틴어, 신학 등을 집중적으로 공부했다.

나는 더 폭넓게 공부하고 연구하기를 원한다. 그러려면 대학에 진학해야 하고 고등학교 졸업 자격 증서가 필요하다. 이제부터 슬슬 대학 입학 자격시험을 준비해야겠다.

인생이 나를 어디로 데려다줄지 정말 궁금하다.

우정이가 〈한나의 일기〉를 스캔해서 단톡방에 올렸다.

점심을 먹은 후 봉사부 아이들이 교실 창가에 모였다.

"와! 질풍노도의 시기네!"

민지가 감탄했다.

"이게 말이 돼? 열다섯 살이야. 우리랑 같은 나이. 서양 나이니까 한 살 위인가? 암튼, 칸트 철학을 공부해. 〈오이디푸스왕〉을 그리스어 원서로 읽어."

으뜸이는 퇴학 사건이 가장 기억에 남았다.

"학교에서 퇴학당해도 세계적으로 유명한 철학자가 될 수 있다는 교훈을 얻었어."

라일라는 좋아하는 문장을 그대로 읊었다.

"난 스스로 생각하고 판단하길 원해. 그래야 나만의 삶의 방식을 찾을 수 있어."

라일라는 왠지 가슴이 벅차올랐다. 일기 속 한나가 자신에게 용기를 불어넣어 주는 듯했다.

찬희는 몸풀기 동작으로 허리 돌리기를 하며 말했다.

"어린 영웅이네."

찬희가 덧붙였다.

"철학자라서 용감한 거야, 용감해서 철학자가 된 거야?"

반응은 제각각이었지만 〈한나의 일기〉는 모두에게 깊은 인상을 남겼다.

우정이는 솜사탕 같기도 하고 풍선 같기도 한 것이 가슴에서 꿈

틀거리는 걸 느꼈다. 어쩐지 특별한 열다섯 살을 맞이할 것 같은 예감이 들었다.

"우리도 지금 새로운 걸 시도하고 있어."

우정이가 아이들을 향해 말했다.

"오! 그렇네!"

"새로운 거 하는 거 맞아."

"연극 공연, 국민청원, 라일라 판결 모두 잘됐으면 좋겠다."

아이들이 너도나도 맞장구쳤다.

[6] 이날 아이들이 읽은 그래픽 노블의 제목은 다음과 같다. 켄 크림슈타인 글·그림, 최지원 옮김, 김선욱 감수, 《한나 아렌트, 세 번의 탈출》, 더숲, 2019.

[7] 〈한나의 일기〉에 나오는 내용은 다음의 책을 참고했다. 엘리자베스 영-브륄 지음, 홍원표 옮김, 《한나 아렌트 전기》, 인간사랑, 2007, 49~107쪽.

4

우정의
천재들

난생처음 국민청원에 참여하다

진우는 학교 교문을 빠져나가고 있었다. 아까부터 목덜미가 뻐근했다. 스트레스를 받은 탓에 어깨가 딱딱하게 뭉쳐 있었다.

그동안 진우에게 난민은 그저 먼 나라에 사는 이방인들이었다. 난민에 관한 뉴스가 TV와 인터넷을 뜨겁게 달구었을 때도 진우는 전혀 관심을 갖지 않았다. 그런 건 어른들 세계의 문제라고 생각했다. 그보다는 당장 고등학교 진로를 정하는 게 중요했다. 중3 올라가기 전에 문과인지 이과인지 확실히 정해야 수학과 과학의 선행 학습 계획을 짤 수 있었다.

아파트 단지로 향하는 도로로 접어들 때였다.

"야! 송진우!"

뒤돌아보니 으뜸이었다. 우정이도 나란히 걸어왔다.

"너희 사귀냐? 왜 맨날 같이 다녀?"

"죽을래?"

으뜸이가 주먹을 흔드는 시늉을 했다.

"완전 반대라서 그런가? 너희 왠지 어울려."

진우가 보기에 으뜸이는 뱃속이 환히 보이는 아이였다. 겉과 속이 똑같았다. 표정만 봐도 지금 어떤 기분인지 대충 답이 나왔다.

하지만 우정이는 아니었다. 파악하기가 힘든 캐릭터였다. 성적은 중간 정도여서 최상위권인 진우와 아예 경쟁 상대가 되지 못했다. 그런데 엄청난 독서광이었고 자신의 의견을 논리 정연하게 말할 줄 알았다. 결코 만만한 상대가 아니었다.

우정이가 진우를 바라보았다.

"국민청원이랑 탄원서 잘돼 가?"

"안 그래도 엄청 스트레스받는 중."

"학습부 애들이 다 같이 하는 거 아냐? 모둠 활동으로?"

진우가 한숨을 내쉬었다.

"말도 마. 학습부 다섯 명 중에서 세 명이 혼나는 중."

"엄마, 아빠한테? 왜?"

"공부나 할 것이지 웬 뻘짓이냐고. 국민청원, 탄원서, 이런 게 다 뭐냐고."

으뜸이가 물었다.

"너희 부모님도 반대하셔?"

"울 엄마랑 아빠는 분위기 파악하는 중. 나중에 입시에 도움이 될지 안 될지."

우정이가 걱정스러운 얼굴로 말했다.

"담임도 엄청 곤란해졌나 봐. 부모님들이 교무실로 항의 전화를 한대."

몇몇 부모들은 항의 전화로 그치지 않았다.

"학교 홈피 봤어?"

우정이가 묻자 진우와 으뜸이가 고개를 흔들었다.

진우와 으뜸이가 재빨리 휴대폰을 열었다. 학교 홈페이지 게시판에 "난민 학생을 결사 반대합니다!"라는 제목의 글이 올라와 있었다.

게시글의 주요 내용은 이랬다.

현재 우리나라는 무분별하게 난민 신청을 받아들이고 있고 그 결과 지금 미래중학교에서 괴이한 일이 벌어지고 있다. 무사증 제도로 제주도에 입국한 예멘인 학생이 불순한 의도로 아이들을 부추기고 있고, 그 학생 때문에 모두가 두려움에 떨고 있다. 현행 교육 기본법은 의무 교육의 주체를 '국민'으로 규정하고 있다. 따라서 난민 아동은 의무 교육 대상이 아니다. 미래중학교 교장은 그 예멘인 학생을 당장 학교에서 쫓아내야 한다.

"헐! 기가 막혀!"

으뜸이가 탄식했다.

"진짜 어이없다."

진우도 얼굴을 찌푸렸다.

게시글에 동조하는 댓글이 줄줄이 달렸다. 학교 홈페이지 댓글들은 그나마 온건했다. 똑같은 글이 게시된 교육청 홈페이지는 분위기가 훨씬 험악했다. 그 예멘인 학생이 이슬람 극단주의자라는 댓글도 있었다.

"이러다 라일라 신상 다 털리는 거 아냐?"

으뜸이가 침울한 표정으로 말했다. 진우가 우정이를 바라봤다.

"이제 어떻게 해?"

"뭘?"

우정이는 담담한 표정이었다.

"지금 난리 났잖아."

"다 사실이 아니잖아."

"부모님들이 계속 반대하면 우린 어떻게 해?"

진우가 해답을 찾는 얼굴로 우정이를 바라봤다. 우정이가 뿌연 하늘을 올려다봤다.

"잘 설명해 드려야지."

"어떻게?"

"현재 우리나라에는 난민법이 있어서 '모든' 아동이 초등학교와 중학교 의무 교육을 받을 수 있다고 말씀드려야지. 우리나라 아동복지법도 국적에 상관없이 18세 미만의 모든 '사람'을 아동으로 규정하고 있다고, 인내심을 갖고 설명해 드려야지."

진우가 놀란 얼굴로 우정이를 바라봤다. 난민법과 아동복지법을 막힘없이 술술 읊어 대는 게 그저 놀라웠다. 으뜸이가 진우를 보며 큭큭댔다.

"정우정 마이 재수 없지?"

"응!"

진우의 대답에 우정이가 쑥스럽게 웃었다.

"그게 아니라…… 상황이 비슷해. 작년에도 그랬잖아. 난민 반대 시위하고 청와대 국민청원 올라오고…… 글의 논지도 똑같아."

으뜸이가 진우를 놀렸다.

"쫄려? 어른들한테 혼날까 봐?"

"쫄리긴 누가 쫄려?"

진우가 신경질적으로 대꾸했다. 우정이가 진우에게 물었다.

"학급 회의 때 발표했던 안건 제안서 보내 줄까? 참고할 수 있도록? 아님 아예 봉사부랑 같이 준비할까?"

"아니."

진우가 고개를 저었다.

"일단 안건 제안서만 보내 줘 봐."

진우가 학습부장의 자존심을 지키며 대답했다. 우정이와 으뜸이가 도로 오른쪽으로 접어들었다. 진우가 걸음을 멈췄다.

"야! 정우정!"

진우가 소리쳤다.

"너 논술 어디 다녀?"

"나 학원 안 다니는데."

으뜸이가 손나발로 외쳤다.

"정우정 학원 끊었잖아. 자유로운 영혼이야."

진우가 횡단보도를 건넜다. 우정이와 으뜸이는 도로 저편으로 멀어져 갔다.

집에 도착한 진우는 우정이가 보낸 한글 문서를 읽었다.

진우가 고개를 갸우뚱거렸다. 과연 이런 내용으로 부모님들을 설득할 수 있을까?

진우가 휴대폰을 열었다.

송진우: 문서 읽음! 근데…… 내용이…….

정우정: 내용이?

송진우: 이런 거로 부모님 설득 못 해.

정우정: ???

송진우: 난민 친구랑 공부하면 우리가 얻게 될 학습 효과, 미래 가
         치, 이런 거 어필해야 함.

정우정: 아하!

129

4
우정이
천재들

송진우: 인권의 중요성과 자유의 가치를 교실에서 체험했다, 세계를 이해하는 시야와 안목을 넓혔다, 이런 식으로…….

정우정: 필요한 내용만 골라 써. 나중에 담임 쌤이 점검해 주실 거니까.

송진우: 암튼 고마워.

정우정: 뭘.

송진우: 학교에서 봐!

어젯밤에 진우는 간신히 청원서를 완성했다.

청원서의 제목은 이렇게 정했다.

'난민 친구와 함께 공부하고 싶어요! 난민 불인정 결정을 재고해 주세요!'

그동안 학습부는 종례가 끝난 후 모둠 회의를 했다. 다들 과외나 학원 숙제로 바빠서 회의는 방과 후에 짧게 해치웠다. 서로 의견을 조율하며 본문 내용을 정했다. 마지막 원고 정리는 진우가 했다.

우정이가 보낸 글을 참고해서 진우는 청원서를 수정했다. 잠시 후 진우는 엄마의 전화를 받았다. 외출 중인 엄마는 집으로 돌아오는 중이라고 했다. 과외 선생님이 집에 도착하기 전에 간식을 챙겨 주려는 거였다.

평소에 진우는 행동반경이 좁은 편이었다. 주중에 학교, 집, 학원을 규칙적으로 오갔다. 주말에는 아빠와 뒷산을 오르거나 강변에서 자전거를 탔다. 가끔씩 하굣길에 친구들과 피시방을 갈 때를 제외하고 진우가 엄마의 감독 영역에서 벗어나는 일은 거의 없었다.

과외가 끝난 후 저녁 식사를 했다.

과일 접시를 내놓으며 엄마가 라일라에 대해 물었다. 동네의 '맘카페'가 하루 종일 시끌시끌했다고 했다. 난민 학생이 학교 분위기를 어지럽힌다며 학부모들이 불안해한다고 했다.

"당신은 이번 일 어떻게 생각해요?"

엄마가 아빠에게 물었다.

진우의 아빠는 스스로를 합리적 중도주의자라고 생각했다. 자유가 최고의 가치이지만 평등도 중요시해야 민주주의가 균형 있게 발전한다고 여겼다.

"우리나라도 이제 국제 사회 기준에 맞출 때가 됐지. 난민 문제를 좀 더 개방적으로 생각해도 될 시기가 온 거야. 무조건 빗장 걸어 잠근다고 해결될 일이 아니지."

진우의 얼굴이 환해졌다.

"그죠, 아빠? 라일라, 엄청 착해요."

엄마가 진우를 흘겨보았다.

"얘가 탄원서를 쓴대요. 청와대에 국민청원을 한다잖아요. 요즘엔 개나 소나……."

"엄마!"

진우의 불만스러운 외침에 아빠가 흐흐 웃었다.

"좋은 경험이 될 수도 있지. 어쨌든 반을 대표해서, 아니 학교를 대표해서 국민청원을 하는 거잖아."

"맞아요, 아빠! 제가 학습부장이에요."

엄마는 여전히 미심쩍은 표정이었다.

"나중에 학종에 도움이 돼?"

"그럼요. 인권의 가치와 소중함을 교실에서 직접 체험하고 있다고요."

진우가 냉큼 대답하자 엄마가 고개를 끄덕였다.

"그렇게 어필하면 되겠다. 나중에."

"그럼. 다양한 활동이 도움이 될 거야."

엄마, 아빠가 동의하자 대화가 마무리되었다. 진우는 후유 하고 안도했다.

아빠가 엄마를 바라보며 화제를 돌렸다.

"요즘 이삼십 대 직원들은 상대하기가 쉽지 않아."

"왜요? 뭔 일 있었어요?"

"딴게 아니라, 오늘 점심시간에……."

부모님이 대화를 시작하자 진우는 슬그머니 식탁에서 일어나 주방을 빠져나갔다.

방에서 진우는 컴퓨터를 켜고 문서를 불러왔다. 빨리 청원서를 완성하고 싶었다. 청원서가 완성되면 비슷한 내용으로 탄원서를 작성할 생각이었다. 그런 후에 SNS에 홍보를 시작할 계획이었다.

며칠 후 진우는 난생처음 청와대 홈페이지에 접속했다.

메인 화면의 '국민 소통 광장'에서 '국민청원'을 클릭하자 청원 게시판으로 안내되었다. SNS 계정으로 로그인하면 누구나 게시판을 이용할 수 있었다.

진우가 글을 등록하자마자 곧바로 새 게시글이 올라왔다. 억울하게 음주 단속에 걸렸다고 호소하는 내용이었다. 이어서 동네 아파트의 재건축을 허가해 달라는 내용이 올라왔다. 그 뒤로도 새로운 청원 글이 줄줄이 이어졌다.

그날 오후, 2학년 3반 아이들은 각자 국민청원 게시판에 접속했다. 몇몇은 종례가 끝나고 교실에서 함께 접속했다. 로그인한 후 게시판의 '동의'를 클릭하자 다음의 메시지가 떴다.

"청원 동의 철회 및 댓글 수정은 불가능하오니 신중하게 참여해 주시기 바랍니다."

메시지를 읽고 잠시 주춤한 아이들도 있었다. 하지만 대부분은 신중하게 손가락을 움직여서 '동의'를 클릭했다.

그날 2학년 3반 아이들은 저마다 다른 장소, 다른 시간에 국민청원에 참여했다. 설렘과 떨림의 크기도 제각각 달랐다. 하지만 마우스를 클릭한 순간, 대부분의 아이들은 뭔지 모를 뿌듯함을 느꼈다. 친구를 돕기 위해 행동한다는 사실이 새로운 무게로 다가왔다.

— 청원 진행 중 —

난민 친구와 함께 공부하고 싶어요! 난민 불인정 결정을 재고해 주세요!

참여 인원 : [151명]

카테고리 외교/통일/국방	청원 시작 201*-04-05	청원 마감 201*-05-05	청원인 naver-***

청원 시작　　　　　**청원 진행 중**　　　　　청원 종료　　　　　브리핑

청원 내용

저는 중학교 2학년 남학생입니다.

최근에 우리 반 친구가 난민 인정 심사에서 탈락했습니다. 친구는 예멘에서 왔습니다.

예멘은 지금 내전 중입니다. 친구의 아빠는 반전 활동가였습니다. 전쟁 자체를 반대했습니다. 그래서 정부군과 반군 모두에게 쫓기고 목숨이 위험해져서 가족과 함께 예멘을 탈출해 한국으로 왔습니다. 그런데 얼마 전 불행하게도 친구의 아빠가 교통사고로 세상을 떠났습니다. 친구와 가까워진 후에 저는 난민이 누구인지에 대해 생각해 봤습니다.

난민은 어떤 사람들일까요?

난민은 인종, 종교, 정치, 사상의 이유 때문에 박해의 공포를 피해 외국으로

탈출한 사람입니다. 친구도 박해의 공포 때문에 한국으로 왔습니다.

사람은 그 누구도 자신의 나라를 선택할 수 없습니다. 친구도 자기가 원해서 내전이 일어난 나라에서 태어난 게 아닙니다. 그렇다면 운 좋게 안전한 대한 민국에서 태어난 우리가 난민 친구를 돕는 게 당연하다고 생각합니다. 만약 친구가 우리나라에서 추방되어 예멘으로 돌아간다면 생명이 위험해질 겁니다.

저는 우리나라가 2013년에 아시아 최초로 난민법을 시행했고, 현재 난민법이 발효 중인 인권 선진국이라는 사실을 친구 덕분에 알게 되었습니다. 인권의 소중함을 배운 청소년으로서 위험에 처한 친구가 난민 지위를 갖게 되기를 희망합니다.

제 친구가 안전한 대한민국에서 계속 공부할 수 있도록 도와주세요.

친구의 난민 불인정 결정을 재고해 주세요!

신문 기자와의 인터뷰

요즘 반 아이들의 최대 관심사는 청와대 국민청원과 탄원서였다. 아침에 눈을 뜨면 맨 먼저 국민청원 숫자부터 확인하는 아이들도 있었다. 탄원서 서명을 받는 일에도 열심이었다. 종례 후에 모둠별로 두세 명씩 짝을 지어 학교 주변을 돌면서 서명을 받았다. 탄원서 전문을 SNS에 올린 아이들도 많았다.

몇몇 언론사에서 진우의 청원서를 눈여겨보았다. 중학생이 국민청원에 참여한 일이 드물었고, 무엇보다도 난민 친구의 사연이 기자들의 눈에 띄었다. 며칠 후 한 신문 기자가 교무실로 전화를 걸어 인터뷰를 요청했다.

담당 기자는 검색 몇 번만으로 청원인이 미래중학교 2학년 3반 학생이란 걸 알았다. '예멘 난민 중학생'을 검색창에 입력하니 블로그, 페이스북, 인스타그램 등에서 관련 내용이 좌르륵 떴다. 다양한 게시글과 댓글도 확인할 수 있었다. 담당 기자가 담임과 전화 통화를 마쳤다.

조회 시간에 소식을 들은 아이들의 반응은 떠들썩했다.

"와! 나 드디어 언론에 노출되는 거?"

"어서 와, 인터뷰는 처음이지!"

"악플 더 꼬이는 거 아냐?"

담임이 아이들을 둘러보았다.

"인터뷰 요청이 왔으니까 응할지 말지는 여러분이 결정하세요."

반장 대호가 손을 들었다.

"선생님 의견을 듣고 싶습니다."

반 아이들이 담임을 바라보았다.

"교무 회의 결론은 여러분의 의견을 존중하는 거였어요. 나도 그렇습니다. 여러분의 결정을 지지할 겁니다. 다만……."

담임이 교실을 한 바퀴 둘러보았다.

"두 가지 생각이 듭니다. 첫째, 라일라가 언론에 직접 노출되는 건 시기상조라는 생각이 들어요. 여러분도 알다시피 요즘 말도 안 되는 악플들이 난무하고 있으니까요. 둘째, 인터뷰를 한다면 누가 할지, 그리고 몇 사람이 할지 결정해야 합니다. 그럴 경우 당사자는 반드시 부모님 동의를 받아야 하고요. 오늘 임시 학급 회의를 열어서 결정하도록 하세요."

"네!"

아이들이 큰 소리로 대답했다.

오전 수업은 평소처럼 느릿느릿 흘러갔다. 수업 중에는 졸다가 쉬는 시간이 되면 의자를 박차고 일어나 교실을 활보하는 아이들 모습도 평소와 다름없었다. 하지만 대화의 중심은 단연 인터뷰 건이었다.

점심시간에 봉사부 아이들이 우정이 책상 주위로 모였다. 옆자리의 라일라도 의자를 가까이 끌어당겼다.

"난 찬성!"

민지가 먼저 말했다.

"왜?"

"라일라 상황을 널리 알리는 게 좋잖아. 신문 기사가 나면 더 많은 사람들이 알게 될 거야. 나중에 기사를 SNS에 퍼 나를 수도 있고."

찬희는 신중 모드였다.

"악플 또 장난 아닐 텐데."

우정이는 굳은 표정이었다. 민지가 우정이를 힐끔 봤다.

"네 생각은 어때?"

"어…… 장단점이 있을 거 같아."

"장점은 뭐고 단점은 뭐야?"

"찬희 말대로 악플에 또 엄청 시달릴 거야. 무시무시한 내용들이 달리겠지."

우정이가 상상하기도 싫다는 듯 몸을 부르르 떨었다. 다른 아이들도 잠시 조용해졌다.

"야! 정우정! 너까지 약한 모습 보이면 어떡해!"

민지가 일부러 소리 높여 말했다.

"전에 읽은 책에 이런 내용이 있었어."

민지가 말을 이었다.

"어른도 나이가 든다고 저절로 성숙해지는 게 아니래. 어른들도 감정 조절 못 하고, 후회할 짓을 많이 한대. 그러니까 그냥 어른이 되는 게 아니라, 실수하고 잘못도 저지르면서 차츰차츰 성숙해진다는 거야."

"그래서? 어른이라고 다 성숙한 건 아니니까 악플을 이해하라고?"

"내 말은, 미성숙한 악플에 너무 신경 쓰지 말자는 거지."

찬희가 우정이에게 물었다.

"그건 그렇고, 장점은 뭐야? 인터뷰를 하면?"

우정이는 여전히 굳은 표정이었다.

"여론전을 해 볼 수 있지 않을까 해서."

"뭐?"

"뭔 전?"

으뜸이와 찬희가 동시에 물었다. 민지는 흥미진진하다는 듯이 조용히 팔짱을 꼈다.

갑자기 뒤쪽에서 진우가 얼굴을 쓱 내밀었다.

"여론전 어떻게 하는 건데?"

"깜짝이야!"

민지가 얼굴을 찡그렸다.

"학습부는 결정했어?"

"응. 우린 찬성!"

"그러시겠지. 청원서, 탄원서, 학습부가 주도했으니까."

"아냐. 봉사부 너희가 많이 도와줬잖아."

진우가 다시 우정이에게 물었다.

"그래서 여론전이 뭔데?"

"난민 수용에 대해 우호적인 사람들도 있을 테니까. 기사 나가면 사람들이 한 번쯤 진지하게 생각해 볼 거 같아."

진우가 고개를 끄덕였다. 엊그제 아빠가 했던 말이 떠올랐다. 우리나라도 이제 국제 사회의 기준에 맞춰서 난민 수용 정책을 시행해야 한다고 말했었다.

민지가 라일라를 돌아보았다.

"네 생각은 어때?"

아이들의 눈길이 라일라에게 향했다.

"나, 할 수 있어."

"저스트 두 잇? 나이키?"

으뜸이가 장난치자 민지가 눈을 흘겼다.

"사람들 도와줘. 여기 친구들처럼."

"라일라, 잘 생각해. 넌 직접 인터뷰에 나갈 필요는 없어. 쌤 말처럼 지금은 적당한 시기가 아닐지 몰라."

민지가 또박또박 설명했다. 우정이도 덧붙였다.

"그래. 지금은 라일라가 언론에 노출될 필요가 없다고 생각해. 신상 털리고 엄청 공격당할 테니까."

라일라가 아이들을 찬찬히 둘러보았다. 다들 걱정스러운 얼굴이었다. 라일라가 고개를 끄덕였다.

"친구들, 의견 좋아."

찬희가 갑자기 태권도 동작을 취했다. 주먹 쥐고 바깥 팔목을 추켜올려 얼굴을 막는 방어 동작이었다.

"방어를 잘하면 돼."

"오! 호위 무사 같아."

민지가 웃으며 말했다. 민지가 으뜸이를 바라보며 "너는?" 하고
물었다.

"난 의견 없음."

으뜸이가 '의견 없음'이라는 의견을 밝히자 민지가 정리했다.

"봉사부, 인터뷰 찬성!"

임시 학급 회의에서 인터뷰에 반대하는 모둠은 없었다. 학급 회
의에서 이미 '새로 온 친구 돕기' 안건이 통과되었기 때문이었다. 하
지만 개인적으로 반대 의견을 밝히는 아이들이 있었다.

"요즘 우리 반은 전교생의 주목을 받고 있습니다. 국민청원과 탄
원서 때문에 다른 학년 학생들까지 우리 교실로 찾아와서 귀찮게 합
니다."

"곧 중간고사인데 시험공부에 방해가 될 겁니다."

반대 의견에 대한 반박도 이어졌다.

"우리 반이 주목받는 건 홍보가 잘되고 있다는 증거이기도 합
니다."

"인터뷰는 방과 후에 할 거니까 시험공부에 방해되지 않을 겁
니다."

인터뷰 방식에 대한 의논이 시작되었다. 모두 7명이 인터뷰에 참
여하기로 했다. 반장 대호, 학습부장 진우, 그리고 봉사부인 우정이,
민지, 으뜸이, 찬희였다. 라일라도 인터뷰에 함께하기로 했다. 라일

라의 사진과 실명을 공개하지 않는다는 조건 아래에서였다.

며칠 후 신문사 로고가 박힌 자동차 한 대가 학교 주차장에 도착했다. 자동차에서 내린 취재 기자와 사진 기자는 곧장 본관 건물로 갔다. 담임이 두 사람을 2학년 3반 교실로 안내했다.

반 아이들 대부분이 교실에 남아 있었다. 인터뷰를 구경하기 위해서였다. 소문을 들은 다른 반 아이들도 복도에서 웅성거리고 있었다.

ㄷ자로 배열한 책상 가운데에 취재 기자가 앉았다. 아이들은 서로를 마주 보고 앉았다. 취재 기자가 노트북과 소형 녹음기를 꺼냈다. 사진 기자는 교실 여기저기를 카메라로 찰칵찰칵 찍었다.

"다들 편안하게 얘기하면 돼요."

기자가 인터뷰에 응해 주어서 고맙다고 인사했다.

"국민청원에 글 올린 친구가 누구죠?"

진우가 손을 들었다.

"국민청원은…… 처음이죠?"

"네!"

"국민청원에 참여하게 된 구체적인 계기를 듣고 싶어요. 난민 수용이 사회적으로 예민한 이슈라서 중학생이 현실 정치에 참여한다는 불편한 시선이나 비난이 있었을 텐데요."

기자가 아이들의 표정을 살폈다.

"한 친구의 목숨이 위험한 상황에 놓였습니다. 이럴 때 다른 친구들이 그냥 모른 척해야 하나요? 책상 앞에서 그냥 공부만 해야 하나요?"

민지가 또랑또랑하게 대답했다. 기자가 두 눈을 크게 떴다.

우정이가 보충 설명을 했다.

"친구 가족은 박해에 대한 공포 때문에 고국을 탈출했습니다. 지금 난민법이 발효 중인 우리나라는 이들을 보호해야 할 의무가 있습니다."

기자가 우정이를 바라보며 말했다.

"그렇죠? 우리나라 난민법 제1장 제2조에 박해의 공포로 인해 국적국의 보호를 받을 수 없는 외국인이 난민에 포함된다고 나와 있습니다."

기자가 노트북 자판을 두드리며 우정이에게 질문했다.

"난민법이 우리나라에서는 2013년에 시행되었죠?"

"네. 아시아 최초로 독립된 난민법이었다고 알고 있어요."

"친구 가족이 예멘에서 박해의 공포를 느낀 이유는 뭐였나요?"

기자가 라일라에게 시선을 던졌다. 민지가 불만스러운 표정을 짓자 기자가 황급히 덧붙였다.

"아, 걱정 말아요. 약속대로 사진이나 이름은 절대 공개하지 않을 겁니다."

기자가 라일라를 바라보았다.

"국민청원에 내용이 있긴 하지만, 우리 친구가 직접 이야기해 줄 수 있나요?"

"네. 아빠, 선생님이고 기자입니다."

"아! 아버님이 기자였군요?"

"아빠, 평화 사랑합니다. 군인들이 아빠 죽이려고 했습니다."

라일라가 설명을 이어 갔다. 아빠가 반전 활동을 한 평화 운동가였고, 정부군과 반군 모두에게 쫓기게 되었다고 했다. 제주도에서 아빠가 교통사고로 세상을 떠났다는 이야기를 할 때 라일라는 눈물을 흘렸다.

아이들이 숙연해졌다. 민지가 코를 훌쩍였다.

"아, 미안해요!"

기자가 당황하며 덧붙였다.

"힘든 이야기 들려주어서 정말 고맙습니다."

기자가 아이들을 둘러보았다.

"아까 얘기한, 중학생이 현실 정치에 참여하는 게 과연 옳은 일이냐 하는 질문으로 돌아가 볼까요? 다른 학생들 의견은 어때요?"

으뜸이가 손을 들었다.

"청소년도 스스로 생각하고 판단할 수 있어야 한다고 생각합니다."

아이들이 놀란 얼굴로 으뜸이를 바라보았다.

"그렇군요. 왜죠?"

잠시 우물쭈물하던 으뜸이가 천천히 말했다.

"우리 반 급훈이 '생각하는 사람의 미래는 밝다'입니다. 스스로 생각하고 비판적으로 사고하지 않으면 자기도 모르게 악한 일을 저지를 수 있습니다."

으뜸이가 남몰래 숨을 크게 내쉬었다. 생각을 말로 표현하는 게 쉽지 않았다.

기자가 교실 뒤편의 액자를 바라보았다.

"그렇군요. 정말 급훈이⋯⋯."

기자가 이번에는 찬희를 바라보았다.

"급훈이 이번 국민청원과 어떤 연관이 있을까요?"

"우리 반 급훈은 한나 아렌트의 사상에서 나온 내용입니다."

"한나 아렌트요? 그 유명한 철학자?"

"네."

"한나 아렌트를 어떻게 알게 되었나요?"

찬희가 호흡을 가다듬으며 대답했다.

"도덕 시간에 공부했습니다. 스스로 생각하고 비판적으로 사고하는 일이 중요하다고 했습니다. 한나 아렌트가요."

우정이가 찬희의 말을 이었다.

"한나 아렌트는 대화를 통해 차이를 좁혀 가는 과정이 우정이라고 했습니다. 대화를 통해 우정이 형성된다고 했어요. 아렌트의 별명이 '우정의 천재'였습니다."

"흥미로운 이야기네요. 국민청원, 급훈, 우정의 의미, 모두가 한나 아렌트와 연결이 되네요."

기자가 교실 뒤편에 서 있는 담임에게 물었다.

"선생님. 이 반 학생들은 언제부터 이렇게 똑똑했나요?"

"아, 네. 태어날 때부터요."

교실에 웃음이 번졌다.

인터뷰는 약 한 시간 동안 진행되었다. 기자는 교실에 남아 있는 다른 아이들에게도 이것저것을 물었다.

사진 기자는 쉴 새 없이 카메라 셔터를 눌러 댔다. 아이들의 다양한 표정이 카메라에 담겼다.

"자, 모두 파이팅 한 번 외쳐 주세요!"

마지막으로 설정 사진을 찍었다. 다 함께 한 팔을 들고 파이팅을 외쳤다.

"손가락 하트도 한 번 갈게요."

엄지와 검지를 하트 모양으로 한 단체 사진이 카메라에 담겼다.

이틀 후 진우가 신문 한 부를 학교로 가져왔다. 사회면에 큼지막한 기사가 실려 있었다. 미래중학교 2학년 학생들이 난민 친구 'L'을 돕게 된 사연이었다.

"우정의 천재들―제발 난민 친구를 도와주세요."

단체 사진도 실려 있었다. 정면을 응시하며 다 함께 손가락 하트를 날리는 설정 사진이었다. 국민청원 게시판을 캡처한 사진도 있었다. 반 아이들이 서명을 받고 있는 탄원서 전문도 함께 소개되었다.

5

사유하고
말하고
공감하다

첫 대본

라일라는 맥도날드 2층 창가에 앉아 있었다. 창문 밖으로 6차선 도로가 보였다. 도로 뒤편으로 둥근 돔 모양의 이슬람 성원 지붕도 보였다. 오늘은 대본 회의가 있는 날이다. 특별히 담임도 참석할 예정이었다.

"안녕!"

우정이가 손을 흔들며 계단을 올라왔다.

잠시 후 민지, 찬희, 으뜸이가 차례로 도착했다. 아이들이 모두 도착하자 홀 중앙의 테이블로 자리를 옮겼다.

"나 뭐 달라진 거 없냐?"

으뜸이가 몸을 한 바퀴 빙 돌렸다. 아이들은 별 반응이 없었다. 라일라만이 눈을 반짝이며 살폈다. 라일라가 검지로 머리칼을 가리켰다.

"머리!"

"딩동댕! 야, 너희는 눈 없냐?"

"티 안 나."

찬희의 말에 으뜸이가 뒤통수를 보여 줬다.

"봐봐. 뒷머리 없어졌어."

"스타일 바꿔라. 투 블록. 맨날 똑같잖아."

찬희가 말했다.

아주머니 둘이 옆자리에서 대화를 나누고 있었다. 감색 투피스를 입은 아주머니가 목소리를 높였다.

"이게 뭐냐고! 왜 하필 내 돈이냐고!"

맞은편 아주머니가 위로의 말을 건넸다.

"똥 밟았다 생각해."

똥이란 말에 아이들이 피식피식 웃었다.

라일라가 매장 안을 천천히 둘러보았다. 맥도날드는 라일라에게 여전히 새로운 문화 체험 공간이었다. 아이들뿐만 아니라 어른들도 이곳을 애용한다는 사실이 새로웠다.

라일라는 이슬람법에서 허락한 할랄 푸드가 아닌 음식은 먹지 않았다. 이슬람법에 따라서 도축된 고기가 아니라서 햄버거 역시 먹지 않았다. 라일라가 처음 맥도날드에 가 본 건 제주도에서였다. 거기에서 새우로 만든 패티가 들어간 슈슈버거를 맛보았다.

담임이 쿵쿵거리며 계단을 올라왔다. 담임이 "오늘은 내가 쏜다!"하며 호기롭게 외쳤다. 우정이와 민지가 메뉴를 주문하러 1층으로 갔다.

잠시 후 햄버거 세트 다섯 개가 테이블 위에 놓였다. 빅맥, 불고기버거, 맥치킨버거, 그리고 슈슈버거 세트 두 개였다.

"넌 할랄 푸드만 먹지?"

민지가 묻자 라일라가 고개를 끄덕였다.

"할랄 푸드? 그게 뭔데?"

찬희가 입을 우물거리며 물었다. 민지가 대답했다.

"할랄은 '허용된 것'이라는 뜻인데 무슬림들은 율법에 따라서 할랄 푸드만 먹어. 돼지고기, 알코올 들어간 음식, 이슬람법으로 도축되지 않은 고기 등은 먹지 않아."

채식을 하는 우정이도 슈슈버거를 먹었다.

"너희 공통점이 있네."

담임이 라일라와 우정이를 바라보며 말했다. 으뜸이가 냉큼 동의했다.

"그쵸 쌤, 얘들 수상하죠."

"수상하긴 뭐가 수상해! 우정이는 채식을 하고 라일라는 고기를 함부로 먹지 않아서 슈슈버거를 먹는다는 공통점이 있다는 건데."

담임이 흐흐 웃었다.

햄버거 세트를 순식간에 해치운 아이들이 아쉬운 듯 빨대로 콜라를 쪽쪽 빨았다. 우정이가 테이블을 정리하자 담임이 가방에서 A4 용지를 꺼냈다. 우정이와 민지가 쓴 대본이었다.

"내가 좀 수정했다."

담임이 종이를 나눠 주었다.

#1933년, 독일 베를린 광장.

무대가 열리면 프로젝터 화면이 켜진다. 열렬히 박수 치며 환호하는 군중이 화면에 보인다. 나치 돌격대가 발을 맞춰 행군하며 광장으로 들어선다. 광장의 연단에 히틀러가 나타난다. 군중이 더욱 열광한다. 감격에 겨워 눈물을 흘리며 박수 치는 군중의 모습이 화면에 클로즈업 된다.

군중1 (환희에 찬 표정으로) 우리 수상께서 굶주림과 실업 문제를 해결 하셨어. 난 이제 배불리 먹을 수 있어.

군중2 (벅찬 얼굴로) 그동안 잃어버린 독일 정신을 다시 일깨워 주셨 지. 독일인이여 깨어나라! 민족공동체(Volksgemeinschaft) 만세! 히틀러 만세!

무대가 어둠에 잠긴다.

조명이 다시 켜지고 베르톨트 브레히트[8]가 무대 중앙으로 나온다.

베르톨트 경계하라, 그대들이 노래하는 이 히틀러라는 인간을. 나는…… 그가 곧 죽을 것이고, 죽었을 때 명성을 잃을 것임을 알고 있다.

발터 베냐민[9]이 무대로 걸어 나온다.

베르톨트 어서 오게. 참으로 암울한 시대야. 그런데 자네는 이 혼란스러운 시국에도 산책을 하고 있군.

발터 산책 외에 내가 도대체 뭘 할 수 있겠어요? 목적 없이 배회하는 사람들에게만 세계는 자신을 드러내는 법이죠. 도시를 걷는 발걸음이 내 사유를 자유롭게 하리라.

베르톨트 자넨 여전하군.

발터 그런데 맹장 수술은 잘 끝났습니까?

베르톨트 답답해서 잠시 병실을 빠져나왔다네. 그런데 저기 저 사람은 자네 사촌 동생 부인 아닌가? 왜 저렇게 급히 뛰어오지?

발터 (뒤돌아보며) 헤이, 한나! 무슨 일이에요?

무대 중앙으로 한나가 뛰어온다.
소방차 사이렌 소리가 스피커를 통해 들린다.

한나 아직 소식 못 들으셨어요? 지금 제국의회 의사당이 불타고 있어요! 창문이 깨지고 사방에서 불길이 치솟고 있어요. 조심하세요! 나치가 이 화재를 당신들 소행으로 몰아갈지도 몰라요!

소방차와 경찰차 사이렌 소리가 더 가까워진다.

베르톨트 그래. 나치 놈들이 이 방화 사건을 이용해서 대대적인 숙청을 하려고 들겠군. 보나 마나 내가 첫 번째 희생자가 될 테지. 자, 난 서둘러야겠네. 이 나라를 떠날 거야. 두 사람도 빨리 몸을 피하도록 해.

발터 네. 어찌 된 건지 상황을 좀 더 알아볼게요. 아마도 곧 떠나야 하겠지요.

한나 저도 상황을 지켜볼게요. 다들 조심하세요!

세 사람이 악수와 포옹을 나누며 작별 인사를 한다.
베르톨트가 떠나고 두 사람이 남는다.

한나 무시무시한 광풍이 휘몰아쳐 오는 게 느껴져요. 제발 모두 무사해야 할 텐데요.

발터 독일인들이 히틀러에게 속아 넘어가고 있다는 사실을 믿을 수

없어. 조심해요, 한나. 결국 우리 같은 유대인들이 궁지에 몰

릴 거야.

한나   우린 독일에서 태어나고 자란 독일인이에요. 그런데 유대인

이라는 이유로 하루아침에 핍박을 받다니요.

발터   양식 있는 독일인들이 도대체 다 어디로 숨은 건지 알 수 없어.

한나   (한숨을 내쉬며) 그러게요. 모두 어디로 사라진 걸까요?

무대 조명이 꺼진다.

어둠 속에서 군중의 열광적인 환호 소리가 다시 들린다. 음악에 맞춰

행군하는 나치 돌격대의 발소리도 들린다.

담임이 아이들을 둘러보며 말했다.

"1933년 독일의 사회적 분위기를 잘 보여 주는 장면이야. 히틀러

가 수상에 취임한 후 나치는 비상사태를 선포하고 의회를 장악했어.

나치는 1933년부터 1945년까지 정권을 장악했지. 제국의회 의사당

화재 사건 이후에 나치의 횡포가 본격적으로 시작됐지."

"나치의 횡포라면, 유대인 학살을 말하는 거예요?"

으뜸이가 물었다.

"그래. 유대인 학살이 대표적인 만행이지. 그런데 나치는 유대인

뿐만 아니라 집시, 장애인, 성 소수자들도 모두 잡아들이고 박해했

어. 이들을 모두 제거해야 할 대상이라고 본 거야. 아리안 혈통의 독일 민족만이 선택받았고 인종적으로 우수하다는 망상에 사로잡힌 거지."

우정이가 담임을 바라보았다.

"선생님. 독일은 원래 철학이 발달한 나라잖아요. 그런데 어떻게 히틀러의 파시즘이 지지를 받았는지 이해되지 않아요."

"그렇지?"

"유명한 교수나 철학자들도 히틀러에 협력했잖아요. 한나 아렌트의 스승인 하이데거도 나치당에 가입했어요."

"맞아. 그랬지. 훗날 아렌트도 그 점을 무척 고민했단다. 당시의 수많은 독일 시민과 지성인들이 어떻게 나치의 신념이나 규칙을 받아들이고 동조했는지 이해해 보려고 노력했어."

찬희가 물었다.

"그래서 이해했어요?"

"아렌트는 그걸 이해하기 위해 평생 공부에 매진했다고 할 수 있어. 아렌트의 사상은 바로 이 고민에서 출발했어."

찬희가 여전히 고개를 갸웃거렸다.

"그런데 히틀러는 어떻게 수많은 독일 국민들을 속일 수 있었어요?"

"아마도…… 선전, 선동에 능숙했기 때문일 거야."

라일라가 두 눈을 반짝이며 말했다.

"선전, 선동…… 사람들 흥분하게 합니다."

"그래."

히틀러가 매우 선동적인 연설가였다고 담임이 말했다. 또한 나치가 국민들을 세뇌시키기 위해 영화, 라디오, 포스터, 가두시위 등을 선전 도구로 활용했다고 했다.

라일라가 다시 물었다.

"대본에…… '민족공동체'라는 말 있어요. 그건 무슨 뜻입니까?"

"나치가 국민들을 선동하기 위해 이용한 개념이야. 순수 독일 민족을 중심으로 사회를 재편해서 독일을 부흥시킨다고 약속한 거지."

선생님이 덧붙였다.

"결국 이 말은 정권을 유지하기 위한 나치의 속임수였어. 순수한 독일 혈통이 아닌 유대인이나 다른 민족 출신들은 죽여도 된다는 근거로 이용되었지."

민지가 낮게 소리쳤다.

"너무 끔찍해요."

다른 아이들도 어이가 없다는 듯이 고개를 저었다.

민지가 새삼 궁금하다는 표정으로 물었다.

"1933년에 수상이었던 히틀러는 그다음 해에 대통령 지위를 겸해서 총통으로 취임했어요. 그러니까 히틀러가 한 일들은 모두 법적 절차에 따른 국가 정책이었어요. 유대인 학살도 그렇고요. 그런데 국가가 범죄를 저지르도록 명령할 때도 그대로 따라야 하나요?"

"그래. 좋은 질문이다."

담임이 고개를 끄덕였다.

"《예루살렘의 아이히만》이라는 책 들어 봤지?"

"네! 특별 수업 때 우정이 엄마께서 소개해 주셨어요."

"그래. 기억하는구나. 유대인 학살의 주범이었던 아돌프 아이히만이 재판에서 바로 그렇게 주장했어. 자신은 국가의 명령을 충실하게 이행했을 뿐이라고."

찬희가 탄식했다.

"말도 안 돼요."

"그때 아이히만은 자기가 무슨 일을 저지르는지 생각하지 않고 그저 명령을 효율적으로 수행할 방도만 궁리했어."

으뜸이가 물었다.

"그때 유대인들을 구해 준 독일인은 한 명도 없었어요?"

민지가 고개를 갸웃거렸다.

"강제 수용소에서 유대인들을 구해 준 독일인이 있었어. 영화가 있었는데."

"〈쉰들러 리스트〉!"

찬희가 대답하자 민지가 휴대폰으로 검색했다.

"실제 사건을 바탕으로 만들어진 영화네. 독일인 사업가 오스카 쉰들러가 강제 수용소에 수감된 유대인들을 빼내서 자신의 공장에서 일을 하도록 주선했어."

담임이 새로운 사실을 알려 주었다.

"유대인들을 구한 독일인이 또 있었단다. 《예루살렘의 아이히만》에도 유대인들을 탈출시킨 독일군 하사관의 이야기가 소개되어 있어. 이름이……."

민지가 다시 검색을 했다.

"안톤 슈미트. 유대인 지하 저항 단체와 접촉해서 약 300명의 유대인을 구출했어요."

"그래. 아주 드물지만, 양식 있는 독일인도 있었던 셈이지."

라일라는 두 눈을 빛내며 대화를 듣고 있었다. 담임이 라일라와 대본을 번갈아 바라보았다.

"대사가 많아서…… 라일라가 힘들 텐데."

"네. 대사 많아요."

라일라가 대답하자 우정이가 머릿속에 굴리고 있던 아이디어를 꺼냈다.

"선생님, 한나 아렌트 역할을 두 사람이 하면 어때요?"

"어떻게?"

"학생 역할과 어른 역할, 이렇게 두 사람이 나눠서 하는 거예요."

민지는 찬성이었다.

"그거 좋은데? 청소년 역할, 성인 역할, 따로따로."

찬희도 의견을 말했다.

"그럼 배우들 가슴에 이름표를 달면 어떨까? '학생 한나 아렌트', '성인 한나 아렌트' 이렇게 이름표 달면 헷갈리지 않을 거 같아."

다들 좋은 생각이라며 찬성했다.

"다른 배역은 교실에서 다 함께 정하자. 우리가 줄거리와 등장인물 성격을 설명해 주고 지원자를 받는 거야."

본격적인 대본 회의가 시작되었다. 아이들은 자유롭게 의견을 주고받았다.

"1933년 독일 탈출 장면이 중요하긴 한데…… 퓨전극으로 가도 좋을 것 같아."

"탈출 장면 앞뒤로 다른 이야기를 끼워 넣을까?"

"교실 장면이나 뉴스 장면은 어때? TV 앵커가 뉴스에서 우리 연극을 소개하는 거야. 미래중학교 2학년 3반에서 특별한 연극을 공연합니다, 이런 식으로."

"오, 좋아!"

"그래도 전체적으로는 한나 아렌트와 난민 이야기에 집중해야 해."

담임이 흐뭇한 얼굴로 아이들의 대화에 귀를 기울였다.

사유하고 말하고 공감하다

5

잠시 후 민지가 회의 내용을 정리했다.

"그럼 연극은 느티나무 예술제 때 하고, 한나 아렌트 역할은 지원자를 한 명 더 받는다. 독일 탈출 장면 외에 교실 장면, 뉴스 장면 추가. 또 다른 의견?"

"합창이나 댄스 넣는 거 어때?"

"찬성! 지현이 댄스도 넣자."

"오! 댄싱 머신 최지현! 무대에서 춤추는 거 보고 싶다. 그럼 합창은?"

"합창은 좀 더 생각해 보고 톡하자."

대본 회의가 마무리되었다.

담임이 씩 웃으며 말했다.

"너희도 알다시피 흠흠, 내가 예전에 연극배우로 빛나는 활약을…… 하려다가 현실을 깨닫고 꿈을 접었잖냐. 흠, 그래도 내가 너희 연극 지도는 할 수 있다. 그래도 나 혼자는 무리라서 후배 연출자를 섭외해 볼까 한다."

"쌤. 우리 무대 화장도 해요? 의상은요?"

으뜸이가 궁금했던 걸 물었다.

"분장은 당연히 하지. 무대 의상도 최대한 갖춰서 입자. 극단에서 빌릴 수 있을 거야. 사이즈 안 맞으면 임시로 리폼해서 입으면 돼."

담임이 다시 화제를 돌렸다.

"요즘 대학로에서 유명한 배우들, 대부분이 선생님 후배들인데……."

"재미없어요, 쌤!"

담임이 꿋꿋하게 추억담을 이어 갔다. 대학로의 한 극단에 서류 전형, 오디션, 실무진 면접까지 합격했는데 갑자기 진로를 바꿔 교사가 되었다는 이야기였다.

"연극은 상황에 몰입하는 게 중요해. 이런 상황이면 나도 이런 말을 했겠다, 저런 상황이면 저렇게 행동했겠다, 이런 식으로 몰입해야 해."

담임이 갑자기 의자에서 일어났다. 담임이 허공을 올려다보며 오른팔과 왼팔을 차례로 뻗었다.

"사느냐 죽느냐 그것이 문제로다. 포악한 운명의 화살이 꽂혀도 죽은 듯 참는 것이 장한 일인가. 아니면 창칼을 들고 노도처럼 밀려드는 재앙과 싸워 물리치는 것이 옳은 일인가."[10]

담임의 표정이 비장했다. 당황한 아이들이 주위를 두리번거렸다. 매장 안의 손님들이 담임을 돌아보았다.

민지가 낮게 말했다.

"오! 쌤. 햄릿이죠?"

"명석한 제자여. 네가 셰익스피어를 아는구나!"

다른 아이들은 담임을 말렸다.

"쌤! 창피해요!"

"얼른 앉으세요!"

옆자리의 아주머니가 담임을 빤히 응시했다.

"죄송합니다."

담임이 얼른 의자에 앉았다.

"암튼, 감정선을 잘 잡으면 대사도 자연스럽게 외워져요."

담임이 주섬주섬 가방에 물건을 챙겨 넣었다.

"자, 그럼 난 연출자 섭외할 테니까 너희는 대본 쓰기에 집중해라. 난 이만 퇴장!"

담임이 떠난 후에도 아이들의 대화는 계속되었다.

"앵커는 반장 어때? 반장 장래 희망이 뉴스 앵커잖아."

"최대호가 앵커 대본 직접 쓰면 되겠다. 장래 희망 미리 실현하는 거지."

"좋아."

"학급 회의 때 발표할 내용 정리해야 돼. 민지가 할 거지?"

"오케이!"

회의를 마친 아이들이 계단을 내려갔다. 1층 출입문으로 향하던 으뜸이가 걸음을 멈췄다. 유리 케이스 안에 해피밀 세트 장난감이 진열되어 있었다. 다른 아이들도 덩달아 걸음을 멈췄다.

"저게 뭐라고, 엄청 집착했지."

"나도 장난감 때문에 해피밀 샀어."

라일라가 유리 케이스 안을 들여다보았다. 이름조차 낯선 알록달록한 장난감들이었다. 고향의 친구들이 생각났다. 학교가 끝나면 책가방을 던져 두고 줄넘기와 공놀이를 함께 하던 친구들이었다. 골목에서 놀다가 누군가 앞장서 달리면 다 같이 부둣가로 우르르 몰려갔었다.

'친구들은 모두 무사할까?'

출입문을 나서는 라일라의 얼굴이 어두워졌다. 고향의 친구들이 그리웠다.

연출부 단톡방

민지가 연출부 단톡방을 개설했다.

봉사부원 외에 대호와 진우가 단톡방에 합류했다.

"오! 좋아!"

대호는 단번에 앵커 역할을 승낙했다. 앵커 대본을 당장 쓰겠다고 했고 지금까지의 진행 상황도 꼬치꼬치 캐물었다.

하루에도 몇 차례씩 연출부 단톡방에서 메시지가 오갔다.

며칠 후 민지가 단톡방에 파일을 올렸다. 금요일 학급 회의 때 발표할 내용이었다. 각자 파일을 확인한 후 밤 10시에 모여 의견을 나누기로 했다.

사유하고
말하고
공감하다

5

민지가 보낸 파일 내용은 모두 세 가지였다.

① 육하원칙에 따른 행사 내용 ② 각 모둠의 종류와 역할 ③ 등장인물의 특징과 성격 요약.

행사명	연극 〈한나와 함께, 난민 친구와 함께!〉
누가	미래중학교 2학년 3반
언제	'미래중학교 느티나무 예술제' 기간
어디서	체육실
무엇을	한나 아렌트와 난민 이야기
어떻게	반 친구들과 다 함께 연극 공연을
왜	친구의 사정을 알리고 친구가 난민 인정을 받도록 돕기 위해

모둠 종류	모둠 역할, 인원 및 진행 상황
대본 (7명)	연출부 공동 집필(이민지, 정우정, 김으뜸, 박찬희, 라일라, 최대호, 송진우) '1933년 독일 장면' 완성 단계 현재 각 장면에 대해 아이디어 회의 중
배우 (등장인물)	한나 아렌트 1인 확정(라일라), 배우 1인 더 구하는 중 앵커(1명), 최대호), 기자(1명), 엄마(1명), 쿠르트(1명), 독일군 장교(1명), 나치 돌격대(3명), 베르톨트(1명), 발터(1명), 군중(2명), 학생(3명), 댄스 리더(최지현?) 및 댄스 팀 대본 리딩, 동선과 행동 익히기, 리허설 등
무대음향(5명)	무대 장치 각 장면에 어울리는 녹음 파일 준비 공연에서 녹음 파일 재생(예: 독일군 군홧발 소리) 소품을 무대에 배치

의상소품(5명)	의상 대여(담임 선생님 협조 약속함) 소품 리스트 작성 및 만들기 학생 교복(예: 우리 학교 교복을 활용) 모바일 안내장(컴퓨터부)
연출(7명)	감독: 담임 선생님 (또는 담임 선생님 후배?) 총연출: 이민지, 정우정 연출부(김으뜸, 박찬희, 라일라, 최대호, 송진우)

주요 등장인물	특징 및 성격
앵커(1명) 기자(1명)	9시 뉴스 앵커. 정확한 발음과 여유 있는 태도 기자가 연극의 내용을 자세히 보도함
한나 아렌트(2명)	15세 중학생(1명), 27세 성인(1명) 시와 철학을 사랑함. 반유대주의 증거물 수집 활동으로 나치 돌격대에 체포됨. 이후 어머니와 함께 독일을 탈출함
마르타(엄마)	한나를 전적으로 믿음 독일을 탈출할 당시 불안해하고 혼란스러워함
쿠르트	아렌트 아버지의 친구로 시온주의자[11]임 아렌트에게 반유대주의 증거물을 수집해 달라고 부탁함
독일군 장교(1명) 나치 돌격대(3명)	젊은 장교. 아렌트를 체포한 후 심문함. 심문하면서 오히려 아렌트로부터 시와 철학 강의를 듣게 됨
군중(2명) 교실 학생(3명)	군중 1, 2 학생 1, 2, 3
베르톨트와 발터	각 1명
댄스 팀	리더를 중심으로 댄스 팀 구성

밤 10시. 연출부 단톡방

이민지: 다들 파일 확인함?

정우정: ㅇㅋ

김으뜸, 박찬희, 최대호, 송진우: ㅇㅇ

라일라: 안녕.

정우정: 육하원칙 좋아. 나중에 모바일 안내장 만들 때 그대로 사용하면 되겠다.

최대호: 공연 장소가 체육실? 그거 시설 담당 쌤한테 허락받아야 해. 내가 낼 알아볼게.

이민지: 금요일 학급 회의 전까지 정해야 돼.

김으뜸: 연극 마치고 뒤풀이해?

이민지: 앗!

송진우: 뒤풀이 겸 Q&A 괜찮겠다. 공연 끝나고 우리 반으로 이동하자. 교실에 음료수, 과자 미리 준비해 놓고.

이민지: 그럼 다과 준비할 사람 따로 정해야 해. 그날 우린 바빠서 신경 못 쓸걸. Q&A 찬성.

라일라: Q&A 무엇입니까?

이민지: 질문하고 대답하는 거.

김으뜸: 간식 준비 울 엄마한테 얘기할게.

이민지: ㅇㅋ

라일라: 대답은 누가 합니까?

이민지: 출연 배우들. 그리고 우리 연출부.

최대호: 체육실 입구에 모금함 준비하는 거 어때? 우리 활동비 필요해.

박찬희: 예술제 때 돈 받아도 되나?

최대호: 부모님들이 후원할지도 모르잖아. 리플릿 제작, 버스비, 점심값 등등 우리 돈 필요해. 모금함 준비하자.

라일라: 부모님 옵니까?

정우정: 응. 예술제니까 가족들 친구들 다 초대할 수 있어.

라일라: 이민지 멋져!

이민지: 갑자기?

라일라: 파일 멋져!

정우정: 그래. 진짜 파일 정리하느라 이민지 수고했다!

이민지: 이 분위기 뭐임? 부끄럽게.

김으뜸: 그럼 오늘은 회의 끝? 안뇽. 나 바빠서.

라일라: 안녕.

이민지: 모두 낼 봐!

공연 준비

연출부 회의는 매주 토요일 오전 10시였다.

대본은 민지와 우정이가 계속 맡아서 썼다. 다른 아이들도 생각나는 대사를 써 와서 회의 때 발표했다. 민지와 우정이가 쓴 대본에 다른 아이들의 대사를 합쳐서 그때그때 대본을 수정했다. 완성된 대본은 담임이 다시 점검해 주었다.

4월 하순의 토요일이었다. 화단의 진달래꽃이 떨어지고 있었다. 분홍색 꽃잎이 진 자리에 녹색 이파리들이 돋아났다. 미래중학교를 상징하는 느티나무도 하루가 다르게 잎사귀들을 쑥쑥 키웠다.

10시가 가까워지자 연출부 아이들이 하나둘 느티나무로 모였다. 학교에 도착한 아이들은 약속이나 한 듯 느티나무 아래의 벤치에서 서성거렸다. 친구들을 기다렸다가 함께 교실로 이동하기 위해서였다.

대호가 맨 먼저 도착했다.

두 번째로 도착한 사람은 라일라였다. 라일라가 벤치에 다다랐을 때 대호는 큰 소리로 대본을 읽고 있었다.

"여러분 안녕하십니까. 매년 6월 20일은 유엔이 지정한 '세계 난민의 날'입니다. 우리나라는 2001년부터 해마다 이날을 기념하고 있습니다. 그런데 이번 주 한 중학교에서 난민을 주제로 한 연극 공연이 상영된다고 합니다."

"대호, 잘해!"

라일라가 칭찬하자 대호가 쑥스럽게 웃었다.

"라일라, 너 괜찮냐? 대사 엄청 많잖아."

"박새봄, 연습, 같이 해."

"박새봄이 무대 체질이긴 하지. 걔 연예인 되는 게 꿈이잖아."

"박새봄, 좋아!"

"야! 넌 다 좋아?"

"친구들, 좋아!"

라일라가 잇몸을 보이며 활짝 웃었다.

지난번 학급 회의 때 새봄이는 한나 아렌트 역할을 자원했다. 이로써 라일라와 새봄이가 주인공으로 확정되었다. 청소년 역할은 새봄이가, 성인 역할은 라일라가 맡기로 했다.

댄싱 머신 지현이도 흔쾌히 함께했다. 지현이를 포함해 여섯 명이 댄스 팀을 꾸렸다. 무대·음향은 환경부가, 의상·소품은 문화부가 담당했다. 행사 안내는 학습부가 맡았다.

가장 큰 골칫거리는 나치 돌격대 역할을 찾는 일이었다. 지원자가 아무도 없었다. 할 수 없이 나치 돌격대원을 한 명으로 줄였다. 그래도 지원자가 없었다.

으뜸이와 찬희가 갈림길에서 걸어오고 있었다.

"어이! 독일군 장교!"

대호가 손을 흔들자 으뜸이가 인상을 팍 썼다.

"나치 대원도 오네."

찬희도 눈을 부라렸다. 지원자가 없어서 할 수 없이 찬희가 배역을 맡았다.

"야! 너 짜증 나게 할래?"

찬희가 태권도 준비서기 동작을 취했다. 대호가 움찔하며 뒤로 물러섰다. 찬희는 초등학교 때 시작한 태권도를 지금도 계속하고 있었다. 승급 심사도 꾸준히 합격해서 지금은 무려 3품이었다. 찬희가 오른발로 반원을 그리며 허공을 향해 쭉 뻗었다. 돌려차기였다.

"항복!"

대호가 진심으로 항복했다.

찬희가 오른발을 뒤로 회전했다. 발뒤꿈치가 허공을 향해 뻗었다.

찬희의 발차기 시범이 계속되는 동안 우정이, 민지, 진우가 차례로 도착했다.

"아이고 무섭다! 그런데 네 발차기는 아껴 둬야 하는 거 아니냐?"

대호가 엄살을 부리며 말했다.

"호위 무사잖아. 네가."

"내가?"

민지가 간단히 상황을 정리했다.

"오늘부터 박찬희를 연출부 호위 무사로 임명합니다. 탕탕탕!"

아이들이 다 함께 교실로 향했다. 찬희와 대호는 언제 티격태격했냐는 듯이 나란히 앞장서 걸었다.

"어서 와라!"

담임이 아이들을 반겼다.

"다들 인사해라. 연출자 한송이 선생님이시다. 오늘부터 선생님께서 너희들 지도해 주실 거야."

아이들이 소곤거렸다.

"누구 닮았는데?"

"맞다. 어디서 본 거 같아."

"트와이스, 다현!"

민지가 아이들을 보며 속삭였다.

"맞다!"

찬희가 고개를 끄덕였다.

"다들 반가워. 앞으로 우리 잘 지내 보자."

아이들이 돌아가며 자기소개를 했다.

잠시 후 연출부 회의가 시작되었다. 담임이 말문을 열었다.

"예술제에서 우리 반 연극은 총 40분 정도 소요될 거야. 연극은 30분 정도, 인사말과 마지막 댄스, 무대 인사를 합쳐서 10분 정도."

담임이 고개를 돌려 물었다.

"한 쌤, 30분 공연이면 대본이 A4 20장쯤 필요하죠?"

"네. 18장에서 20장 정도요."

한송이 선생님이 설명을 이어 갔다.

"무대 장면은 일단 여섯 개로 시작해 보자. 장면 전환이 많으면 무대에서 구현하기가 힘들어지니까. 예를 들어 교실→국경선→집→경찰서, 이런 식으로 장면이 자주 바뀌면 무대를 그때마다 바꿔야 하니까 힘들겠지?"

"네!"

아이들이 큰 소리로 대답했다. 연극 연출에 대해 잘 몰랐지만 선생님만 믿고 따라가면 될 것 같았다.

민지가 한송이 선생님을 바라보았다.

"정우정이랑 제가 대본을 쓰고 있어요."

"그래. 담임 쌤이 보내 주신 대본 읽어 봤어. 암튼 대단해요! 자료 조사 열심히 한 티가 팍팍 나."

한송이 선생님이 칠판으로 걸어가며 말했다.

"연극의 흐름을 이런 식으로 생각해 봤어."

제1장 TV 뉴스. 제2장 독일 교실. 제3장 한국 교실.
제4장 1933년 독일 베를린. 제5장 독일 탈출. 제6장 춤과 합창.

"2장과 3장은 어떤 내용이에요?"

으뜸이가 물었다.

"중학생 하나가 독일과 한국 학교에서 각각 경험한 걸 보여 주는 거야. 비슷한 일을 겪을 수도 있으니까.”

“와! 나 소름 돋았어.”

민지가 소리쳤다.

“얼마 전에 한나 아렌트가 열다섯 살 때 쓴 글을 읽었거든요. 우정이 엄마가 지금 번역하고 계신대요.”

“오, 그래?”

담임이 눈을 크게 떴다.

“그거 잘됐네. 그거 참고해서 대본 쓸 수 있겠다.”

담임이 반가워하자 한송이 선생님도 고개를 끄덕였다.

“그럼 독일 교실 장면은 우정이 어머니 번역서를 참고하고, 한국 교실 장면은 너희들 입말을 살려 보자.”

“우리가 하는 말을 그대로 대사에 써요?”

“그럼. 너희가 주인공인데.”

“욕도 그대로요?”

“현장감 사는 거지.”

한송이 선생님이 말을 이었다.

“무대 배경은 빔 프로젝터를 사용하면 될 거야. 스토리에 따라서 배경 화면이 달라지는 거지. 음악이랑 사운드를 효과적으로 믹스하면 장면을 잘 구현할 수 있을 거야.”

아이들의 눈빛이 반짝거렸다. 맨 처음 봉사부 단톡방에서 시작된 아이디어가 학급 회의에서 단체 의견으로 모였고 이제 드디어 연극 무대를 준비하게 된 것이다.

"지금부터 대본 쓰기에 집중하자. 여름 방학 전에 대본이 나와야 방학 때 본격적으로 무대 연습을 할 수 있어."

한송이 선생님이 말을 마치자 담임이 짝짝짝 손뼉을 쳤다.

"현역 배우는 달라. 일 진행 솜씨가 역시!"

"자, 그럼 대본은 우정이와 민지가 계속 쓰고, 다른 친구들도 생각나는 대사를 써 오세요. 다음 주부터 저랑 대본 회의 시작합니다."

한송이 선생님이 대화를 마무리했다.

"자, 이제 점심 먹으러 나갈까? 한 선생님도 오셨으니까, 오늘 내가 쏜다."

담임의 제안에 아이들이 와, 하고 환호성을 질렀다.

"쌤이 또 쏘시는 거예요?"

"그래, 제자들아. 여기서 그럼 내가 쏘지 누가 쏘겠니?"

"라일라 어머니 일하는 식당에 가도 돼요?"

으뜸이가 담임을 향해 간절한 눈빛을 발사했다.

"타진, 먹고 싶다."

민지도 맞장구쳤다.

"난 대추야자!"

우정이가 덧붙였다.

"오! 타진은 모로코 요리 아냐? 나도 좋아해."

한송이 선생님까지 가세하자 담임이 호기롭게 외쳤다.

"그래. 좋다. 가자, 얘들아!"

으뜸이가 맨 먼저 교실을 나갔다. 다른 아이들도 빠른 걸음으로 복도를 지났다. 토요일 한낮이라 학교 전체가 조용했다. 탕탕거리는 아이들 발소리만이 복도에 울려 퍼졌다.

아이들이 경쟁하듯이 교문을 향해 뛰어갔다. 에너지 넘치는 중학생들답게 찬희와 대호가 다시 옥신각신했다. 선생님들은 느긋하게 대화를 나누며 아이들의 뒤를 따라갔다. 한낮의 햇살이 따가운 봄날이었다.

사양하고 말하고 공감하다

[8] 베르톨트 브레히트(1898~1956)는 독일 출신의 시인이자 극작가로, 1933년 베를린에서 한나 아렌트와 교류했다. 한나 아렌트의 《어두운 시대의 사람들》 제9장은 베르톨트 브레히트의 생애와 예술 세계를 다루고 있다. 한나 아렌트 지음, 홍원표 옮김, 《어두운 시대의 사람들》, 한길사, 2019.

[9] 발터 베냐민(1892~1940)은 독일계 유대인 철학자이자 비평가이다. 철학 분야뿐만 아니라 현대 예술의 각 방면에 커다란 영향을 미쳤다. 한나 아렌트의 첫 남편인 귄터 슈테른의 사촌이자 아렌트의 친구이다. 한나 아렌트는 《어두운 시대의 사람들》 제8장에서 베냐민의 생애와 사상에 대해 논의한다.

[10] 《햄릿》 3막 1장에 나오는 유명한 대사이다. 이날 담임은 다음의 책에 실린 대사를 그대로 읊었다. 윌리엄 셰익스피어 지음, 신정옥 옮김, 《햄릿》, 전예원, 2004, 95쪽.

[11] 시온주의는 팔레스타인으로 귀환하여 국가를 건설하고자 하는 유대인들의 운동 및 그 주장을 말한다. 시온주의자(Zionist)는 시온주의를 믿고 따르는 사람이다.

6

서로의
차이를
존중하다

만약 한나가 우리 교실로 전학 온다면

쿵쾅쿵쾅. 2층 복도를 뛰어오는 요란한 발소리가 들렸다.

"쓰리, 투, 원."

"고!" 하고 찬희가 외친 순간, 교실 문이 벌컥 열렸다.

"아직 안 오셨지?"

으뜸이가 헉헉거리며 교실 안을 둘러봤다.

"후유!"

요즘 으뜸이의 목표는 대본 회의에 지각하지 않는 거였다.

"다른 땐 지각도 잘하고 야단맞아도 신경도 안 쓰더니……."

"맞다. 김으뜸이가 누구 눈치 보는 인간이었냐? 근데 한송이 쌤한테 야단맞는 건 죽도록 싫어해요. 칭찬 들으면 엄청 좋아하고."

"칭찬은 고래도, 아니, 으뜸이도, 춤추게 한다."

연출부 아이들이 한마디씩 던졌다.

으뜸이가 숨을 몰아쉬며 의자에 앉았다. 이마와 콧잔등에 방울

방울 땀이 맺혔다. 등에 밴 땀을 식히려고 티셔츠 끝자락을 잡고 흔들었다. 으뜸이는 휴대폰 메모장을 열고 오늘 발표할 대사를 확인했다.

한송이 선생님이 도착하자 민지가 인쇄된 대본을 나눠 주었다. 잠시 교실이 조용해졌다. 모두 고개를 숙이고 대본에 집중했다.

#무대 조명이 켜지면 교실이 시끌시끌하다.

학생 1이 교실로 뛰어 들어온다.

학생 1   얘들아! 빅뉴스!

학생 2   (소음 속에서) 뭐야? 뭐야? 쌤 학교 안 왔어?

학생 1   전학생 왔대. 난민.

학생 2   에이, 난 또 뭐라고. 그게 빅뉴스냐? 맨날 오는데. 이번엔 어느 나라야?

학생 1   나라 이름은 모르겠고, 이름이 한나래.

학생 2   크크. 한나, 둘, 셋, 넷?

담임이 교실로 들어선다. 한나가 담임 뒤를 따라 들어온다. 한나는 입을 꾹 다문 고집스러운 표정이다. 아이들이 웅성거린다.

담임 자, 조용조용! 우리 반에 전학 온 새 친구를 소개합니다. 이름은 한나 아렌트. 한나, 친구들에게 인사하세요.

한나 (한국어로) 안녕하세요! 내 이름은 한나입니다. 만나서 반갑습니다.

학생 1 저 어색함은 뭐임?

학생 2 발음이 괴상해.

학생 3 성깔 좀 있어 보여.

담임 한나, 저기 빈자리로 가서 앉으세요.

한나가 교실 뒤편에 앉는다.

담임 다들 알림장 확인했죠? 사이버 에티켓과 화재 대피 매뉴얼 반드시 숙지하고 준수하길 바랍니다.

학생 3 (혼잣말로) 아! 저놈의 잔소리.

조회를 마친 담임이 교실을 나간다. 다시 시끌시끌해진 교실. 소음 속에서 아이들의 목소리가 또렷이 들려온다.

학생 2 아, 지겨워. 난민 거지들.

학생 3 네 나라로 꺼져.

한나가 교실을 둘러본다. 학생 2, 3과 눈이 마주치지만 한나는 당황하지 않는다. 한나가 책가방에서 책을 꺼내 읽는다.

학생 3 이 와중에 독서 모드네.

학생 2 도대체 뭘 읽는 거야? 만화?

학생 1 헐! 《실천이성비판》? 칸트?

그때 한나가 고개를 들고 학생 1, 2, 3을 향해 또박또박 말한다.

한나 Can you please stop talking about me? I am reading a book now.(내 얘기는 그만해 줄래? 나 지금 책 읽고 있어.)

아이들의 당황한 목소리가 들린다.

학생 1 잉글리시 왜 이케 잘해?

학생 2 도대체 정체가 뭐야?

학생 1, 2는 약간 기가 죽은 얼굴로 한나를 힐끔거린다.

독서에 열중하는 한나의 모습이 핀 조명으로 클로즈업된다.

찬희가 우정이에게 물었다.

"타임 슬립이야?"

"응. 비슷해. 1920년에 열다섯 살이었던 한나가 21세기 대한민국에서 학교를 다닌다는 설정이야."

진우는 걱정스러운 얼굴이었다.

"아이들 대사 너무 센 거 아냐? 폭력적이야."

"우리나라 현실을 반영한 거야."

우정이가 대답했다.

"핀 조명은 뭐야?"

으뜸이가 물었다.

"무대에서 배우한테 스포트라이트 비추는 거. 조명 쏘는 거."

"아하!"

"넌 좋겠다. 모르는 거 많아서 배울 것도 많아서."

찬희가 놀리자 으뜸이가 찬희를 째려봤다.

"넌 핀 조명이 뭔지 알았냐?"

"당연히 몰랐지."

아이들이 킥킥거렸다. 선생님은 티격태격하는 아이들이 마냥 귀엽다는 표정이었다.

선생님이 아이들을 둘러보았다.

"그럼 한나는 앞으로 한국에서 어떻게 생활하게 될까?"

으뜸이가 대답했다.

"한나는 엄청 똑똑해요. 어려운 철학책도 원서로 척척 읽어요."

"그래. 그래서 한국어도 빨리 배우겠구나."

"괴롭히는 애들 금방 제압할걸요. 아가리 파이터, 아니⋯⋯ 말⋯⋯ 말을 잘해서요."

으뜸이가 얼른 말을 고쳤다.

라일라는 가장 좋아하는 문장이라고 말하며 〈한나의 일기〉에서 외웠던 문장을 읊었다.

"난 스스로 생각하고 판단하길 원해. 그래야 나만의 삶의 방식을 찾을 수 있어."

한송이 선생님이 아이들의 의견을 물었다.

"자, 앞으로 전개될 줄거리에 대해 얘기해 볼까?"

대호가 먼저 말했다.

"한나는 독일에서 왔으니까 독일어 원어민이고요. 그리스어, 영어도 잘하니까 어학 천재잖아요. 반 애들이 좋아할 것 같아요."

다른 아이들도 맞장구쳤다.

"맞아. 영어 잘하면 절대 무시 못 한다."

"영어 스피치 대회 나가서 상 받고 그러는 거 아냐?"

아이들의 대화를 듣고 있던 우정이가 담담하게 말했다.

"문화 사대주의야."

진우가 우정이를 바라봤다.

"문화…… 뭐?"

민지는 재빨리 휴대폰을 검색했다.

"문화 사대주의. 세력이 더 강한 문화를 받들어 섬기며 자신의 문화는 낮게 평가하는 태도."

"그게 여기서 왜 나와?"

"영어 지상주의도 일종의 문화 사대주의야. 방금 한나가 왜 영어로 말했다고 생각해?"

"자기 괴롭히는 애들 기죽이려고?"

"그래. 문화 사대주의를 역이용한 거야."

"허얼! 한나가 애들 심리 간파한 거야?"

"한나는 똑똑하고 당찬 아이야. 독일에서도 선생님께 문제를 제기하고 수업을 거부했어. 자기 괴롭히는 애들한테 당하고만 있지 않을걸."

한송이 선생님이 우정이를 바라보았다.

"이제 보니 우정이가 철학자구나. 어린 철학자."

갑자기 민지의 두 눈이 반짝였다.

"정우정 캐릭터를 연극에 넣으면 어떨까요? 그 애가 한나의 친구가 되는 거예요. 학교생활도 도와주고요."

"괜찮은데!"

"아예 우정이가 그 역할을 하면 어때? 캐릭터 이름은⋯⋯ 정철학?"

민지의 제안에 아이들이 와하하하 웃었다. 우정이도 따라서 웃었다. 그리 싫지 않은 표정이었다.

"좋아! 정철학. 우정이하고 이미지 딱 맞아."

선생님이 한쪽 눈을 찡긋했다.

우정이가 정철학 역할을 맡기로 했다. 반 아이들과 한나 사이에서 중재자 역할을 하는 캐릭터였다. 한국의 중학생을 대표해서 한나의 친구가 되는 멋진 역할이었다.

'나도 저런 역할 해 보고 싶다⋯⋯.'

으뜸이가 부러운 눈길을 보냈다.

그동안 으뜸이는 대본 회의에 열심이었다. 지각도 하지 않고 대사도 열심히 써 와서 발표했다. 하지만 막상 토론이 시작되면 대화에 낄 타이밍을 놓치기 일쑤였다. 머릿속 생각을 말로 표현하는 게 쉽지 않았다. 어떤 날은 토론하는 동안 내내 입을 꾹 다물고 있기도 했다.

며칠 후 연출부 단톡방에 짧은 대본이 올라왔다. 한국에서 생활하는 한나에 대한 후속 이야기였다.

#한국 교실의 쉬는 시간. 독서하는 한나의 모습이 핀 조명에 잡힌다.

학생 1   쟤는 또 뭐 하는 거냐?

학생 2   잘난 체를 참 독특하게 한다.

학생 3   고 백 투 유어 컨트리!

한나가 책을 덮고 고개를 든다. 학생 1, 2, 3을 똑바로 바라보는 한나.

학생 1   왜 꼬나보는데?

한나   칸트가 《실천이성비판》에서 이런 말을 해.

학생 2   아, 뭐래!

그때 옆자리의 정철학이 한나를 돌아본다.

정철학   칸트가 뭐라 했는데?

한나   네 의지의 준칙이 언제나 동시에 보편적 입법의 원리가 되도록 행동하라.

정철학   아! 그거 도덕 시간에 배웠어.

학생 1   (비아냥거리며) 선비질 한 분 추가요!

정철학   칸트는 인간을 목적 그 자체로 대해야 한다고 말했어. 인간은 서로의 존엄성과 자유를 지켜 줘야 한다는 거야.

한나와 정철학이 대화를 시작한다.

정철학　교내 토론 동아리 만들어 보면 어떨까? 같이 할래?

한나　　좋은데! 나는 찬성!

정철학　권장 도서 함께 읽은 후에 제대로 토론도 해 보자.

한나　　재미있겠다!

한나가 반 아이들을 향해 말한다. 정철학이 한나와 함께 서 있다.

한나　　얘들아! 우리랑 같이 토론 동아리 할 사람?

아이들 두셋이 한나와 정철학을 향해 다가온다. 둥글게 모여서 대화를
시작하는 아이들. 학생 1, 2, 3이 머쓱한 표정으로 슬그머니 자리를
피한다.

네가 아랍어를 배운다고?

토요일 오전, 느티나무 벤치에 아이들이 모여 있었다.

"이 정도면 엄청 잘한 거야."

"맞아. 선방했어."

"그래도 좀 아쉽다."

청와대 국민청원에 대한 이야기였다. 정부의 공식 답변을 들으려면 한 달 안에 20만 명 이상의 동의를 얻어야 했다. 그런데 진우의 청원에 동의한 사람은 총 5,347명이었다.

민지가 휴대폰 계산기를 눌렀다.

"우리 학교 학생이 총 1,026명이니까, 3인 가족으로 계산해서 3을 곱하면 3,078명, 또 교직원이 59명이니까 여기에 3를 곱하면……."

"야, 그만해. 머리 아파!"

민지는 꿋꿋하게 계산을 마쳤다.

"3,078+177=3,255명. 이 정도면 엑설런트해!"

교문 쪽에서 라일라가 걸어왔다. 쨍쨍한 햇볕 속을 걸어오느라 얼굴이 복숭아처럼 발그레했다.

그때 으뜸이가 아랍어로 인사했다.

"사바할 카일!(안녕!)"

모두 놀라 으뜸이를 바라봤다.

"사바할 누르!(안녕!)"

라일라가 대답했다. 으뜸이가 다시 말했다.

"앗살라무 알라이쿰!(안녕하세요!)"

"와알라이쿰 앗살람!(안녕하세요!)"

벤치 옆에서 체조를 하던 찬희가 동작을 멈췄다.

"이거, 뭐야, 뭐야?"

찬희가 호들갑을 떨었다. 대호와 진우도 눈을 동그랗게 뜨며 물었다.

"아랍어?"

"네가 왜?"

라일라가 대신 대답했다.

"김으뜸, 아랍어 공부해. 일요일."

"그니까, 왜?"

"이맘님 아랍어 가르칩니다."

"아, 그니까, 왜, 왜?"

아이들이 대답을 기다렸다. 하지만 으뜸이는 어깨를 으쓱할 뿐이었다. 라일라가 다시 말했다.

"김으뜸, 열심히 공부해!"

"그니까 갑자기 왜?"

아이들의 성화에 으뜸이가 소리를 꽥 질렀다.

"왜! 뭐! 난, 공부하면 안 되냐?"

"갑자기?"

"아, 쫌! 나도 공부하고 싶을 때 있거든? 야, 정우정! 네가 말해!"

약 2주 전 점심시간이었다. 우정이가 으뜸이에게 뜻밖의 제안을 했다.

"아랍어 같이 배워 볼래?"

"아랍어? 왜?"

으뜸이의 첫 반응은 심드렁했다.

"그냥. 나도 심심하고, 너도 심심해 보여서."

우정이도 덤덤하게 말했다.

우정이와 으뜸이는 초등학교 때부터 자주 같은 반이 되었다. 성격과 취향이 서로 달라서 단짝이라고 할 수는 없었다. 하지만 오랫동안 가까이 지내다 보니 얼굴만 봐도 상대의 기분을 알 수 있었다. 우정이는 으뜸이가 요즘 의기소침하다는 걸 알았다.

예전부터 우정이는 아랍어를 배워 보고 싶었다. 라일라가 전학온 후에는 더욱 그랬다. 반 친구들은 우정이가 아랍어 능통자일 거라고 지레짐작했다. 우정이네 아파트가 이슬람 성원 옆에 있고, 라일라 외에도 우정이가 이슬람 문화권 전학생의 버디가 된 적이 있어서였다. 하지만 우정이는 아랍어를 전혀 몰랐다.

"못 해? 전혀?"

민지가 놀란 얼굴로 되물었다.

"응."

으뜸이가 민지를 흘겨봤다.

"야! 이슬람 성원 옆에 산다고 다 아랍어 능통자냐? 그럼 영어나 수학 학원 근처에 사는 애들은 다 영어 수학 영재야?"

"너한테 안 물어봤거든."

민지가 아이들을 돌아보았다.

"아랍어 재미있을 거 같다. 나중에 수능에서 제2 외국어로 선택할 수도 있고."

"수능? 제2 외국어?"

"나중에 그럴 수 있다는 거야."

라일라가 끼어들었다.

"이맘님. 아랍어 수업해."

"오! 아랍어 수업 있어? 언제? 어디서?"

민지가 연달아 물었다.

"토요일, 일요일, 공부해."

민지가 휴대폰 메모장에 시간과 장소를 입력했다. 으뜸이가 중얼거렸다.

"그럼 나도 해 볼까?"

으뜸이는 한송이 선생님을 떠올렸다. 얼마 전 아랍 음식점에 갔을 때 선생님은 메뉴판에 적힌 글자에 관심을 보였다. 만약 아랍어를 배운다면 선생님과 나눌 이야깃거리가 생길 것이다.

며칠 후 으뜸이와 우정이는 어학원을 찾아갔다. 아랍어와 한글을 가르치는 어학원은 도로변 2층에 있었다. 건물 외벽이 낡고 허름했다. 하지만 계단을 올라가자 넓고 깨끗한 실내가 나타났다.

콧수염을 기른 한국인 이맘이 사무실에 있었다.

"어서 와라."

두 아이가 인사했다. 우정이는 이슬람 성원에서 이맘을 만난 적이 있었다.

"근데 너희뿐이야? 세 명이 온다고 들었는데."

"이민지는 포기했어요."

수능이니 제2 외국어니 하며 관심을 보이던 민지는 슬그머니 꽁무니를 뺐다. 학원 숙제가 너무 많다고 했다.

"자, 그럼 수업 시작해 볼까?"

"네? 지금 당장요?"

두 아이가 당황해서 이맘을 바라보았다. 첫날이니까 교재만 받아 갈 거라고 생각한 것이다. 이맘이 허허 웃었다.

"기왕에 여기까지 왔으니까…… 간단히 오리엔테이션만 하자."

이맘이 아이들을 옆 교실로 안내했다. 책상 대여섯 개가 놓인 소형 교실이었다. 아이들이 앞줄에 앉았다.

"아랍어는 오른쪽에서 왼쪽으로 쓴다는 건 알고 있지?"

우정이가 고개를 끄덕였다. 으뜸이는 처음 듣는 얘기였다.

"우횡서 표기라고 하지. 한글하고는 반대로. 자, 이런 식으로!"

이맘이 오른편에서 왼편으로 꼬불꼬불한 글자를 썼다.

"앗살라무 알라이쿰!"

이맘이 문장을 읽었다.

"무슬림들이 서로 주고받는 인사말이다."

"무슬림끼리요?"

"지금은 누구나 사용하고 있지만 원래는 이슬람교를 믿는 사람들이 서로 주고받는 인사말이었단다. 신의 평화가 당신에게 깃들기를! 이런 의미이지."

창문 밖으로 누군가의 머리가 보였다.

"어? 라일라다!"

으뜸이가 소리쳤다. 이맘이 출입문을 열어 주었다.

"앗살라무 알라이쿰!"

"와알라이쿰 앗살람!"

라일라와 이맘이 인사말을 주고받았다.

"오늘은 특별히 라일라를 초대했다. 생생한 원어민 발음을 들을 수 있을 거야."

라일라가 앞자리에 앉았다.

이맘이 아랍어 인사말을 소개했다. 처음 만났을 때, 안부를 물을 때, 헤어질 때 하는 인사말이었다. 이맘이 설명하면 라일라가 발음을 들려주었다.

라일라의 발음은 신기하고 재미있었다. 한국인 이맘이 발음할 때와는 다른 뭔가가 느껴졌다. 음성이 깊고 풍부했다.

으뜸이가 물음표 'ʕ'를 가리켰다.

"난 이게 젤 신기해."

"나도."

좌우가 뒤집힌 물음표는 볼수록 재미있었다.

이맘이 교재를 건넸다. 표지에 〈중학교-생활 아랍어〉라고 적혀 있었다.

"여기 선생님들이 편집해서 만든 책이다."

"감사합니다!"

인사말 공부가 끝난 후 이맘이 아랍인의 일상생활에 대해 간단히 소개했다.

첫 수업을 마친 두 아이는 뿌듯했다. 특히 으뜸이는 기분이 더좋았다. 시키지도 않았는데 자발적으로 외국어 공부를 시작한 걸 알면 엄마, 아빠가 어떤 표정을 지을지 궁금했다.

세 아이가 어학원 건물을 나섰다. 우정이가 말했다.

"구글 번역 앱 깔자."

"나 있어."

라일라가 휴대폰 바탕화면에 깔린 번역 앱을 보여 주었다.

"이거 좋아!"

라일라가 말했다.

갑자기 기분이 상승된 으뜸이가 "앗살라무 알라이쿰!" 하고 소리치며 앞쪽으로 경중경중 뛰어갔다.

"야! 같이 가!"

우정이와 라일라가 뒤를 따라갔다.

우정이가 말을 마치자 아이들이 한마디씩 했다.

"그래서 아랍어 공부를 한다고?"

"도대체 너한테 뭔 일이 생긴 거냐?"

으뜸이는 아이들 반응을 보며 실실 웃었다.

"나, 개인 톡도 해. 아랍어로."

으뜸이는 라일라와 자주 메시지를 주고받았다.

'할 안타 마쉬구란?(너 바빠?)'

'아나 라스투 마쉬구란.(나 바쁘지 않아.)'

처음에 으뜸이는 번역 앱을 이용해 메시지를 보냈다. 한글을 입력한 후 아랍어로 변환해서 문장을 전송했다. 시간이 흐르자 어학원에서 배운 문장을 써먹었다. 인사말, 날씨, 취미, 가족 등에 관한 문장을 보냈다. 라일라와 메시지를 주고받으면 자연스럽게 회화 공부가 됐다.

대신에 으뜸이는 라일라의 한글 공부를 도와주었다. 일종의 언어 교환이었다.

라일라의 한국어 실력은 꽤 괜찮았다. 발음이 서툴렀지만 일상 회화는 거의 완벽했다. 그런데도 한글로 된 중2 교과서를 이해하는 게 라일라에게는 쉽지 않았다.

　　라일라는 학교에서 배운 내용을 으뜸이에게 물었다. 으뜸이로서
는 당황스러운 일이었다. 할 수 없이 으뜸이는 수업 시간에 집중해서
공부했다. 나중에 라일라가 어떤 걸 물어볼지 알 수 없어서였다.

　　반 아이들은 으뜸이의 변화가 낯설었다.

　　"너 어디 아프냐?"

　　"우리 으뜸이가 달라졌어요!"

　　아이들이 놀리면 으뜸이는 어깨를 으쓱했다. 그러고는 아이들의
반응을 보며 호호 웃었다.

7

함께
살아가는
세상

대본 연습

여름 방학과 함께 본격적인 대본 연습이 시작되었다.

연일 섭씨 30도가 넘는 무더위가 계속되었다. 오늘은 아침부터 더웠다. 냉장고에서 막 꺼낸 시원한 캔 음료를 하루 종일 들이켜고 싶은 날씨였다.

연출부 아이들이 본관 계단을 뛰어 올라갔다. 2층 복도로 접어들자 귀에 익은 멜로디가 들려왔다.

"와! 방탄이다!"

교실에 가까워지자 노랫말이 더 또렷하게 들렸다.

난 달에서, 넌 별에서

우리 대화는 숙제 같았지.

교실 문을 열자 노랫소리가 더 크게 울려 퍼졌다. 지현이와 댄스 팀이 춤을 연습하고 있었다.

Hello my alien

우린 서로의 mystery

그래서 더 특별한 걸까

언젠가 이 함성 멎을 때 stay hey

내 옆에 함께 있어 줘

영원히 계속 이곳에 stay hey

방탄소년단의 〈친구〉였다.

댄스 팀은 연극의 마지막 순서에 등장할 예정이었다. 댄스 팀이 춤을 추는 동안 관객들은 화면에 뜬 가사를 보며 노래를 합창할 것이다.

"노랫말이 꼭 우리들 이야기 같아."

민지가 아이들을 돌아보며 속삭였다.

" '난 달에서. 넌 별에서.' 맞아. 우리는 모두 정말 다르지."

우정이가 고개를 끄덕였다.

댄스 팀이 〈친구〉를 고른 것도 그런 이유 때문이었다. 서로에게 이방인이고 미스터리이지만 그래서 더욱 특별한 친구가 되었다는 노랫말이 마치 2학년 3반 아이들의 이야기인 것 같았다.

아이들이 흥얼거리며 노래를 따라 했다. 몇몇은 넋을 잃고 춤을 감상했다.

지현이와 아이들의 춤은 섬세하면서도 절도가 있었다. 목, 어깨, 가슴이 각각 따로 움직이다가 어느새 부드럽고 우아하게 동작이 이어졌다.

앞문이 열리고 한송이 선생님이 교실로 들어섰다. 선생님이 연습을 방해하지 않으려고 발뒤꿈치를 들고 교실 뒤편으로 걸어갔다.

춤 연습이 끝나자 아이들이 환호성을 지르며 박수를 쳤다.

댄스 팀이 떠난 후 대본 연습이 시작되었다. 각 장면에 따라서 아이들이 두셋씩 따로 모여 앉았다. 한송이 선생님이 각 팀을 돌며 조언했다.

라일라와 으뜸이가 마주 앉았다.

1933년 독일 베를린. 나치 돌격대에 체포된 한나 아렌트가 심문을 당하는 장면이었다. 한송이 선생님이 두 사람에게 다가왔다. 우정이, 민지, 찬희도 가까이에 앉았다. 진우가 다가왔다.

한송이 선생님이 리딩 시범을 보였다.

#베를린 알렉산더 광장의 경찰청 건물. 어두운 취조실 안. 탁자를 사이에 두고 한나와 젊은 장교가 마주 앉아 있다.

한나   혹시 라헬 파른하겐 아세요?

독일군 장교   (자신도 모르게 대답하며) 그게 누구죠?

한나   오래전 독일에서 살았던 유대인 여성이에요. 난 그녀가 친한

         친구처럼 느껴진답니다. 요즘 그녀에 대해 글을 쓰고 있어요.

         그래서 도서관에서 자료를 수집하고 있었죠. 그녀는 자신을

         '불운한 사람'이라고 불렀답니다.

독일군 장교   (귀 기울여 듣다가) 왜죠?

한나   독일에서 유대인으로 살아가면서 정체성에 큰 혼란을 겪었으

         니까요. 혼란을 겪으면 우울해지기도 해요. 자신이 운이 없는

         사람이라는 생각이 들죠.

독일군 장교   (갑자기 당황하며) 당신을 심문하는 게 아니라 마치 당신 강

         의를 듣고 있는 기분입니다.

한나   제가 쓴 시를 낭송해도 될까요?

독일군 장교   (관심을 보이며) 어떤 시죠?

한나   당신은 왜 나에게 손을 내미는지요?

         부끄럽게, 비밀이라도 되나요?

         당신은 우리의 포도주를 알지 못할 만큼

         먼 나라에서 온 사람인가요?[12]

독일군 장교   (시를 이해하려고 애쓰며) 내가 당신을 이해하지 못한다는

         뜻인가요?

한나   그렇게 해석할 수도 있겠군요.

독일군 장교   (얼굴을 붉히며) 당신은 시의 여신, 철학의 여신이군요.

한나   그렇게 말해 줘서 고마워요.

독일군 장교   (갑자기 딱딱한 말투로 바뀌며) 한나 아렌트 씨. 우리는 지난 8일 동안 당신을 조사했지만 어떤 혐의도 찾아내지 못했습니다. 당신은 곧 석방될 겁니다. 제가 석방에 필요한 서류를 준비하겠습니다.

한나   당연하죠. 난 잘못한 게 없으니까요.

선생님이 리딩 시범을 마쳤다. 정확한 발음이 귀에 팍팍 꽂혔다.

"대사는, 천천히, 또박또박!"

"네!"

라일라와 으뜸이가 대답했다.

으뜸이가 쑥스러운 표정으로 물었다.

"당신 어쩌고저쩌고하는 대사가 엄청 이상해요."

주위의 아이들이 킥킥댔다.

"한나는 지금 스물일곱 살이지? 독일군 장교도 성인이고. 괜찮아. 어른들이니까 그런 말투 사용할 수 있어."

"아!"

"등장인물이 처한 상황에 공감하는 게 무엇보다 중요해."

선생님이 아이들을 둘러보았다.

"자, 한나는 지금 어떤 상황에 처했지?"

"반유대주의를 퍼트리는 자료를 수집하다가 체포되었습니다."

"한나가 자기가 한 일을 순순히 고백했어?"

"아뇨."

"그래. 한나는 지금 독일군 장교에게 거짓말을 해야 하는 상황이
야. 나치의 반유대주의 선전물을 수집한 게 아니라 논문 자료 조사를
했다고 둘러대야 하는 거지."

선생님이 라일라에게 물었다.

"한나! 한나는 라헬을 어떻게 생각해?"

"친구, 입니다."

대본 리딩을 할 때 선생님은 아이들을 등장인물로 불렀다.

"한나가 라헬을 친구라고 생각하는 이유가 뭘까?"

아이들이 잠자코 있었다. 우정이가 대답했다.

"라헬도 한나처럼 유대인 정체성에 대해 고민을 많이 했어요. 한
나는 라헬처럼 '의식적 파리아'[13]가 되기를 원했습니다."

"그래. 의식적 파리아는 자신의 상황에 굴복하지 않고 인간으로
서의 권리를 찾기 위해 투쟁하는 사람이야. 오늘날의 의미에서 본다
면 사회적으로 차별받는 상황에 굴복하지 않고 권리를 찾기 위해 노
력하는 사람들을 가리킨다고 할 수 있지."

함께 살아가는 세상

진우가 질문했다.

"선생님, 한나는 어렸을 때부터 유대인이라고 차별을 당했나요?"

"음…… 몇몇 아이들이 가끔 놀리긴 했지만 한나는 어릴 때 자신이 유대인이라는 사실을 별로 의식하지 않았어. 엄마, 아빠가 유대교 예배당에 가거나 유대 전통을 고집하지 않아서였지. 그래도 엄마는 자주 이렇게 말했대. '만약 유대인이라서 공격받으면 유대인으로서 방어해야 해.'"

"유대인으로서 방어한다는 게, 무슨 뜻이에요?"

으뜸이가 물었다.

"그러니까, 다른 이유를 대지 말고 유대인 정체성을 갖고 방어하라는 뜻이지. 당시에 유대인은 사회적으로 소수자였지? 그러니까 소수자로서 자신의 정체성을 지키면서 방어해야 한다는 뜻이야."

이번에는 선생님이 으뜸이에게 물었다.

"피터! 아, 그 독일군 장교 이름이 피터야. 지금 피터는 한나에게 어떤 태도를 보이고 있지?"

으뜸이가 잠시 생각했다.

"점점…… 관심을 갖는, 그런 거……."

"그래. 피터는 한나에게 호의를 갖고 있어. 그러니까 말투는 딱딱하지 않고 부드럽게. 알겠지?"

"네."

"자, 시작하자. 한나!"

라일라가 첫 대사를 읽었다.

발음과 억양이 어색했다. 이어지는 대사도 마찬가지였다. 만약 대본이 눈앞에 없다면 라일라가 하는 말을 제대로 이해하지 못할 것 같았다.

대본 리딩이 계속되었다. 하지만 라일라의 발음과 억양은 나아지지 않았다. 대사 전달이 제대로 되지 않으면 관객들은 연극의 내용을 이해할 수 없을 것이다.

한송이 선생님이 교실을 둘러보며 말했다.

"5분 쉬었다 하자."

아이들이 자리에서 일어났다. 라일라는 의자에 그대로 앉아 있었다. 어깨가 축 처졌고 표정이 어두웠다.

선생님이 라일라에게 부드럽게 말했다.

"너무 걱정하지 마. 발음은 연습하면 돼. 녹음 파일 열심히 듣고 있지?"

선생님은 대본의 모든 대사를 녹음해서 단톡방에 올려 주었다. 선생님의 녹음 파일이 가이드라인이 되었다. 대사의 톤과 분위기를 파악할 수 있었다.

"한국말 발음, 어려워요."

라일라가 한숨을 쉬었다.

우정이는 뭔가를 골똘히 생각하고 있었다. 아까부터 질문 하나가 머릿속에서 떠나지 않았다.

우정이는 자신이 가끔 엉뚱한 생각에 빠져든다는 걸 알고 있었다. 하지만 어쩔 수 없었다. 질문이 생기면 그게 머릿속을 꽉 채웠고, 어떤 식으로든 설명이나 대답을 찾아내야 사라졌다.

"선생님. 라일라가 왜 한국어로 대사를 해야 하죠?"

으뜸이가 황당하다는 표정으로 물었다.

"야! 뭔 말이야?"

"한나는 독일어가 모국어잖아. 그러니까 한나 대사는 원래 독일어로 해야 하지만 우리가 독일어를 몰라. 그런데 라일라의 모국어는 아랍어야. 그렇다면 라일라는⋯⋯ 아랍어로 대사를 해도 되지 않을까?"

"이건 뭔 풀 뜯어 먹는 소리?"

민지도 어이없다는 듯이 말했다.

하지만 선생님은 진지한 얼굴이었다.

"재밌는 생각이네."

우정이가 말을 이었다.

"한나가 고민한 게 정체성이었잖아요. 유대인에게 닥친 불행을 유대인으로서 극복하자고 했고요. 라일라도 정체성을 지키면서 상황을 극복했으면 좋겠어요. 모국어는 정체성의 일부분이니까요⋯⋯."

"아! 그렇네!"

민지가 고개를 끄덕이며 수긍했다. 다른 아이들은 반대 의견을 냈다.

"아랍어로 말하면 아무도 못 알아들어."

"여긴 한국이야. 한국어로 말해야 해."

"한나도 유내어(히브리어)가 아니라 독일어를 모국어로 사용했어. 미국에서는 영어로 책을 썼고."

찬희가 라일라를 바라보며 물었다.

"라일라. 네 생각은 어때?"

"대사, 한국어 또는 아랍어로 하는 거?"

라일라가 잠시 머뭇거리다가 대답했다.

"다른 사람들, 아랍어 몰라. 나는 한국말 할 수 있어. 그러나 한국말 발음 어려워."

으뜸이는 생각에 잠겨 있었다. 민지가 으뜸이를 흘깃 봤다.

"갑자기 사색 모드냐?"

으뜸이가 아이들을 바라보았다.

"우정이랑 나랑 지금 아랍어 배우고 있잖아. 외국어 배우는 거 진짜 어렵다. 그래서 생각해 봤는데…… 중요한 대사 몇 개를 라일라가 아랍어로 말하면 어떨까. 그 부분은 화면에 한글 자막을 띄우면 되니까."

아이들이 잠시 침묵했다.

찬희가 맨 먼저 침묵을 깼다.

"난, 찬성!"

"뭐? 찬성이라고?"

진우가 뜻밖이라는 듯 물었다.

"라일라 아랍어로 말할 때 멋있어."

찬희는 아랍 음식점에서 맛본 대추야자의 쫀득하고 달달한 맛을 떠올렸다. 그날 홀에서 엄마와 아랍어로 대화하는 라일라를 봤을 때 멋있다는 생각이 들었다.

한송이 선생님이 미소 지었다.

"자! 그럼, 정리가 된 거지?"

찬희가 우정이를 바라보았다.

"넌 어떻게 그런 생각을 하냐? 암튼 대단해."

선생님이 말했다.

"우정이는 다른 관점에서 생각을 한 거야. 라일라가 정체성을 유지하며 사는 거, 중요한 문제야. 차이를 가진 사람들이 공존하며 살아가는 게 한나 아렌트의 사상이었어. '복수성'이라고 불렸지."

"네.《인간의 조건》이란 책에서 그렇게 말했어요."

으뜸이가 말하자 아이들이 "오, 오!" 하며 감탄했다.

선생님이 교실을 둘러보며 큰 소리로 말했다.

"자! 다시 리딩 시작하자!"

아이들이 두셋씩 책상 앞에 모여 앉았다.

대본 리딩을 마치면 체육실에서 동선을 맞춰 볼 것이었다. 바닥에 분필로 소품 위치를 표시한 후 대사와 동작을 동시에 하는 연습이었다.

잠시 후 의상·소품 팀이 교실에 도착했다. 무내에서 사용할 작은 소품들을 직접 만들기 위해서였다. 박스 안에 여러 종류의 재료가 들어 있었다. 종이, 스티로폼, 플라스틱, 가위, 접착제 등이 책상 위로 펼쳐졌다.

대본 연습이 다시 시작되었다. 교실 한쪽에서 의상·소품 팀 아이들이 소품을 만들기 시작했다.

총연습

체육실에 연극 무대가 설치되었다. 무대·음향 팀 학부모들이 자원봉사를 했다. 학부모들이 각목을 자르고 합판을 세워서 무대의 뼈대를 만들었다. 합판에 색지를 바르고 비닐 커튼을 치자 무대 공간이 분리되었다. 교실에서 아이들이 만든 소품들을 배치하자 꽤 멋진 무대가 완성되었다.

무대 연습이 시작되었다. 장면에 따라서 각각 다른 팀들이 무대에 올랐다. 한송이 선생님이 열정적으로 아이들을 지도했다. 대사를 하면서 동시에 동작을 하는 연습이 계속되었다.

담임도 연기 지도를 했다. 담임은 각 팀을 돌며 일일이 조언했다.

"무대에서는 손동작 하나, 걸음걸이 하나도 의미가 있다."

담임이 말했다.

"팔을 뻗고 얼굴을 돌리는 동작도 연기의 일부분이야. 목소리에 최대한 감정을 실어 보자. 캐릭터에 감정 이입을 해야 해!"

담임의 얼굴에 생기가 넘쳤다. 연극배우의 꿈을 아이들을 통해 실현하고 있는 듯했다.

한송이 선생님은 세심한 부분까지 신경 썼다.

"베르톨트가 독백을 마치자마자 발터가 무대 뒤에서 걸어 나오는 거야. 뚜벅뚜벅. 이렇게."

한송이 선생님이 뚜벅뚜벅 걷는 시범을 보였다.

"베르톨트는 시인이고 발터는 철학자야. 그러니까 대사와 동작을 여유 있고 격조 있게."

몇몇 아이들은 진땀을 흘렸다. 대사와 동작이 자꾸 어긋났기 때문이었다. 대사에 집중하면 동선을 까먹고, 동선에 신경 쓰면 대사를 잊어버렸다.

으뜸이와 라일라는 무대 아래에서 연습하고 있었다.

"잠깐만! 혀가 자꾸 꼬여!"

으뜸이가 혀를 날름댔다. 옆에 있던 민지가 얼굴을 찡그렸다.

"스톱 잇! 징그러워!"

"혀 운동. 이게 도움 돼."

으뜸이가 혀를 아래쪽으로 더 빼냈다. 민지가 고개를 흔들며 자리를 피했다.

"근데 넌 이렇게 많은 대사를 어떻게 다 외웠어?"

으뜸이가 라일라에게 물었다.

"낱말 카드."

"낱말 카드? 단어 공부할 때 쓰는 그거?"

"응."

제주도에서 한글을 배울 때 라일라는 낱말 카드를 사용했다. 성당의 자원봉사자 아주머니가 둥근 고리가 달린 낱말 카드를 선물로 주었다. 아주머니의 딸이 어렸을 때 사용했던 거라고 했다. 앞면에는 그림이 뒷면에는 낱말이 있었다.

한글 자모음을 익힌 후에도 라일라는 낱말 카드로 단어와 문장을 공부했다. 문방구에서 백지 카드 묶음을 사서 앞면에는 한글을, 뒷면에는 아랍어를 적었다.

라일라가 가방에서 카드 묶음을 꺼냈다. 카드의 앞면과 뒷면에 연극 대사가 빼곡히 적혀 있었다. 색연필로 칠한 그림들이 카드의 여백에 보였다.

"우아!"

으뜸이가 그림을 자세히 들여다보았다. 꽃과 나비와 사람의 얼굴이었다.

"누구?"

으뜸이가 남자의 얼굴을 가리켰다. 턱수염과 콧수염을 길렀고 검정 뿔테 안경을 쓰고 있었다. 눈썹이 진했고 머리칼이 곱슬곱슬했다.

"이맘님?"

라일라가 고개를 저었다. 이맘은 안경을 쓰지 않는다.

"아빠."

라일라가 그림 속 얼굴을 손바닥으로 어루만졌다. 짙은 눈썹과 커다란 두 눈이 라일라와 닮은꼴이었다.

교실에서 라일라는 틈만 나면 그림을 그렸다. 노트나 교과서의 여백에도 이것저것 그려 넣었다. 연필로 밑그림을 그린 후 볼펜이나 색연필로 꼼꼼히 색칠했다. 라일라가 가장 좋아하는 과목도 미술이었다.

낱말 카드를 넘기자 다른 얼굴이 보였다. 이번에는 여자아이였다.

"이건 누구?"

"내 친구, 파티마."

라일라가 고개를 떨어뜨렸다. 얼굴이 어두워졌다. 라일라는 파티마가 세상을 떠났다는 게 아직도 믿어지지 않았다. 국경에서 만난 파티마의 남동생도 떠올랐다. 하산이 외삼촌 가족과 무사히 국경을 빠져나갔기를 기도했다. 라일라가 중얼거렸다.

"바라칼라후 피크!(신의 축복이 있기를!)"

으뜸이는 라일라를 위로하고 싶었다. 그때 아랍어 수업에서 배운 문장이 머릿속에 떠올랐다.

"인샬라!(신의 뜻대로!)"

이맘은 말할 때 자주 '인샬라'를 덧붙였다. "오늘 기분이 좋아 보이는구나, 인샬라.", "다음 주에는 가까운 데로 소풍 가자, 인샬라." 이런 식이었다.

라일라의 얼굴이 환해졌다. 라일라가 대답했다.

"인샬라!"

라일라가 다시 낱말 카드를 넘겼다. 긴 머리를 땋아 내린 여자아이가 보였다.

"이건, 너?"

"아니."

민지가 옆으로 다가왔다.

"잠깐!"

그림을 들여다보던 민지가 자신 있게 말했다.

"한나 아렌트!"

라일라가 고개를 끄덕였다. 으뜸이는 손으로 제 이마를 탁 쳤다.

"맞다! 저번에 이 사진 봤다."

민지가 낱말 카드 뒷면에 적힌 아랍어 대사를 으뜸이 눈앞으로 들이밀었다.

"자, 이거 읽어 봐."

으뜸이가 떠듬떠듬 읽었다.

"잘하네."

민지가 대꾸하자 으뜸이가 민지를 흘겨봤다.

"님아, 영혼 쫌."

으뜸이가 다시 차분하게 아랍어를 읽기 시작했다. 민지의 두 눈이 커졌다.

그때 무대에서 한송이 선생님이 라일라를 불렀다.

"한나! 이쪽으로!"

라일라가 무대로 뛰어갔다.

"우리도 가 보자!"

민지와 으뜸이가 무대 가까이로 갔다.

무대 위로 라일라, 수정, 민수가 모였다. 수정이는 한나 아렌트의 어머니, 민수는 쿠르트 아저씨 역할이었다.

"먼저 이 장면 동선을 정해 보자."

한송이 선생님이 라일라를 돌아보았다.

"한나와 어머니가 거실에서 대화하다가 노크 소리가 들리면 한나가 무대 뒤로 걸어가. 그리고 쿠르트가 등장하는 거지."

"네."

선생님이 라일라와 민수에게 말했다.

"한나와 쿠르트가 대화할 때 두 사람은 무대 왼쪽으로 이동해. 그런 다음에 한나가 오른편 구석으로 걸어가서 독백하는 거야."

선생님이 이번에는 수정이에게 조언했다.

"한나 어머니는 지금 매우 불안한 상태야. 목소리 톤을 높여서 불안감을 표현해 보자."

"네."

라일라, 수정, 민수가 무대 위에서 동선을 확인했다. 잠시 후 무대 조명이 켜지고 리허설이 시작되었다.

#베를린 오피츠 거리의 아파트.

한나와 어머니가 거실에 앉아 있다.

한나   귄터는 어제 파리로 떠났어요.

마르타   갑자기? 나한테 인사도 없이?

한나   (남편이 파리로 피신한 사실을 숨기려 애쓰며) 급한 볼일이 생겼어요. 엄마.

마르타   무슨 일이 있는 거니?

한나   (애써 밝은 얼굴로) 별일 아니에요.

그때 현관문 두드리는 소리가 들린다. 한나가 무대 뒤쪽으로 걸어간다.

한나   (의심에 찬 목소리로) 누구세요?

쿠르트   안녕! 한나!

한나가 얼른 현관문을 연다.

한나   안녕하세요, 아저씨.

쿠르트   잘 있었니? 한나!

마르타   어서 와요!

쿠르트   귄터는 파리로 떠났지?

마르타   아니, 나도 방금 알았는데 어떻게 아셨어요, 쿠르트?

쿠르트   제국의회 의사당 사건으로 방화범을 찾는다고 나치가 발악을 하고 있잖아요. 닥치는 대로 사람들을 체포하고 있어요.

마르타   (딸을 향해) 귄터가 그래서 여길 떠난 거냐?

한나   (어머니의 눈치를 살피며) 걱정 마세요. 귄터는 무사히 파리에 도착할 거예요.

마르타   우리도 피난을 가야 하는 거냐?

한나   상황을 좀 더 지켜보고요.

쿠르트   그런데 한나. 너한테 부탁할 게 있구나. 잠시 얘기 좀 할 수 있겠니?

한나   네.

한나와 쿠르트가 무대 왼쪽으로 걸어간다.

쿠르트   이번 여름에 프라하에서 제18차 시온주의 회의가 열리잖니. 그 회의에서 독일이 반유대주의를 퍼트리고 있다는 증거를 보고하려고 한단다. 네가 그 자료들을 수집해 줬으면 좋겠구나.

한나   너무 위험하지 않을까요?

쿠르트   정말 미안하구나, 한나. 그런데 우리 쪽 사람들은 얼굴이 노출돼서 이번 일은 할 수 없어. 만약 조직원이 체포된다면 모두가 위험해질 거야.

한나   (망설이며) 제가 적임자이긴 하죠. 도서관 출입을 자유롭게 할 수 있으니까요. 잠시 생각할 시간을 주세요.

한나가 무대 오른쪽 구석으로 걸어간다.

한나   (독백하며) 세상이 변하고 있어. 지금이야말로 의식적 파리아

로서 실천하고 행동해야 할 시기야.

한나가 쿠르트를 향해 걸어간다.

한나   (결심을 굳히며) 제가 할게요.

쿠르트   고맙다. 얘야. 네 아빠가 하늘나라에서 날 돕고 있구나.

리허설을 구경하던 민지와 으뜸이가 박수를 쳤다.

"우아! 잘했어."

"멋있다!"

마지막 부분에 나오는 한나의 독백은 아랍어 대사였다. 라일라가 아랍어로 말하면 프로젝터 화면에 한글 자막이 떴다. 선생님이 라일라에게 강조했다.

"한나가 중요한 결심을 하는 순간이야. 결연한 표정으로, 천천히."

라일라가 다시 한 번 말했다.

"세상이 변하고 있어. 지금이야말로 의식적 파리아로서 실천하고 행동해야 할 시기야."

라일라가 덧붙였다.

"한나가 의식적 파리아, 결심합니다."

"그래. 자신의 상황에 굴복하지 않고 인간으로서 권리를 찾기 위해 노력하는 사람이 의식적 파리아야."

"나도, 의식적 파리아, 되겠습니다!"

라일라가 씩씩하게 말했다.

한송이 선생님이 조명을 담당하는 희선이를 불렀다.

"한나가 독백할 때 한글 자막 타이밍이 딱 맞아야 해. 그러니까 조명 팀도 연극 내용을 완벽하게 숙지해야 해."

"네."

"자! 처음부터 다시 가 보자."

무대 아래에서 희선이가 컴퓨터 마우스를 움직였다.

음악이 흐르고 리허설이 다시 시작되었다.

한나와 함께, 난민 친구와 함께!

드디어 예술제가 열리는 날.

교문 입구에 커다란 플래카드가 걸렸다. 미래중학교 느티나무 예술제. 검은색 궁서체에 은행잎과 단풍잎 이미지가 프린트되었다.

며칠 동안 교내가 새롭게 꾸며졌다. 곳곳에 마련된 임시 전시장에 학생들의 공예품, 미술품, 시화 등이 전시되었다. 운동장의 천막에서는 학생자치회가 먹거리를 팔았다. 운동장의 먹거리 코너는 해마다 인기 만점이었다. 교내 스피커에서 경쾌한 음악이 흘러나왔다.

2학년 3반 아이들이 교실로 속속 도착했다.

연극 공연은 오후 2시였다. 하지만 대부분의 아이들은 아침밥을 먹는 둥 마는 둥 하고 일찌감치 학교로 왔다.

"우아! 벌써 떨려."

"나 대사 까먹으면 어떡해? 어떡해?"

"잠을 1도 못 잤어."

가장 걱정스러운 건 무대에서 대사를 잊어버리는 거였다. 어제 리허설에서도 갑자기 입이 얼어붙은 아이가 있었다.

"대사 까먹으면 즉흥 연기 하면 돼."

으뜸이가 큰 소리로 말했다. 하지만 으뜸이도 긴장한 기색이 역력했다. 갈색 상의 끝자락을 손가락으로 주물럭거렸다. 나치 제복을 입은 으뜸이는 '독일군 장교'라는 이름표를 가슴에 달았다.

"야아, 다들 일찍 왔구나!"

담임이 교실로 들어섰다.

"오! 너희 오늘 좀 멋진데?"

아이들은 벌써 의상을 갖춰 입었다. 무대 의상은 한송이 선생님이 극단에서 빌려 왔다. 옷이 커서 소매와 바짓단을 시침질하거나 안전핀으로 옆구리를 접은 아이들도 있었다. 덩치가 큰 아이들은 의상을 손볼 필요가 없었다.

라일라는 베이지색 드레스 차림이었다. 올림머리여서 제법 어른스러워 보였다. '성인 한나 아렌트'라는 이름표를 가슴에 달았다.

"다들 긴장하지 말고, 연습했던 대로만 하자!"

담임이 아이들을 격려했다.

"자신 있게! 관객들 눈을 똑바로 마주 보면서!"

"넵!"

한송이 선생님이 교실로 들어섰다. 분장 가방을 손에 들고 있었다. 아이들이 선생님 주변으로 몰려들었다. 가방 안에 분장 도구들이 빼곡히 들어 있었다. 크고 작은 붓들, 스펀지와 파우더들, 콤팩트, 립스틱, 분장용 물감, 팔레트 등이었다.

한송이 선생님이 한 사람씩 분장을 해 주었다. 콤팩트와 아이 펜슬과 립스틱만으로도 아이들의 얼굴이 딴판으로 변했다. 분장을 마친 후에 다들 체육실로 갔다. 마지막 리허설을 하기 위해서였다.

소품 팀 두 아이가 교문으로 달려갔다. 교문 담벼락에 안내 포스터를 붙이기 위해서였다. 컴퓨터부에서 직접 만든 포스터였다. 연극의 제목, 시간과 장소, 출연진 등이 소개되었다. 포스터를 붙인 두 아이가 서둘러 체육실로 뛰어갔다.

체육실에서 마지막 리허설이 한창이었다.

독일 경찰청 취조실 장면. 라일라와 으뜸이가 탁자를 사이에 두고 마주 앉았다. 갈색 제복을 입은 으뜸이는 평소와는 인상이 확 달랐다. 사진에서 봤던 나치 장교와 비슷한 분위기를 풍겼다.

갑자기 작은 소동이 벌어졌다. 방금까지 멀쩡하던 의자 다리가 흔들려서 한 아이가 엉덩방아를 찧었다. 소품 팀이 부리나케 교실로 뛰어가서 다른 의자를 가져왔다.

리허설을 마친 아이들이 강당으로 이동했다.

오전 11시. 교장 선생님의 개막 선언이 끝난 후 축하 공연이 있었다. 밴드 동아리와 댄스 동아리의 춤 공연이 펼쳐졌다. 댄스 동아리의 칼군무가 끝나자 환호가 이어졌다.

개막식이 끝난 후 점심시간이 되었다.

우정이가 교실에서 도시락 가방을 열었다.

"엄마가 김밥 많이 싸 주셨어. 나눠 먹으래."

"오, 예에!"

으뜸이가 반겼다. 민지, 대호, 진우는 관심이 별로 없었다.

"난 운동장에서 소떡소떡 사 먹을 건데."

"난 어묵!"

"난 떡볶이."

우정이가 라일라와 으뜸이에게 도시락을 건넸다. 라일라가 활짝 웃었다. 채식을 하는 우정이네 김밥에는 소시지나 햄이 없었다. 할랄 음식을 먹는 라일라에겐 반가운 점심 메뉴였다.

연출부 아이들이 밖으로 나갔다. 운동장 먹거리 코너에서 각자

먹을거리를 샀다. 다른 아이들의 눈길이 연출부에게 쏠렸다. 무대 의상을 입고 분장을 한 모습이 멀리서도 눈에 띄었다.

민지가 야외용 돗자리를 풀밭 위에 펼쳤다. 김밥, 떡볶이, 소떡소떡, 어묵, 음료수 등이 돗자리 가운데에 놓였다.

"우아! 맛있겠다!"

"그데 공연할 생각 하니까 입맛 사라져."

민지가 우정이를 돌아보았다.

"안 떨려? 너도 대사 많잖아."

"떨려."

우정이가 전혀 떨리지 않는 표정으로 대답했다. 대호가 어묵 꼬치를 씹으며 말했다.

"정우정, 정철학. 캐릭터 완전 일치."

"맞아!"

진우가 맞장구쳤다.

점심을 먹은 후 아이들은 두셋씩 짝을 지어 흩어졌다.

라일라와 민지는 공예품을 구경하기 위해 본관 건물로 향했다. 우정이와 진우는 시화전이 열리는 도서실로 갔다. 으뜸이, 대호, 찬희는 투호 체험장 앞에서 걸음을 멈췄다. 투호 놀이는 해마다 인기를 끌었다. 길쭉한 항아리에 나무 화살을 던져 넣는 놀이였다. 열두 개의 화살 중에서 여덟 개를 던져 넣으면 기념품을 받을 수 있었다.

라일라와 민지가 공예품 전시관에 도착했다. 아기자기하고 예쁜 수제품들이 많았다. 비즈, 직물, 나무, 클레이, 가죽, 금속 등의 재료로 만든 작품들이었다.

라일라가 접시 한 개를 요리조리 살폈다. 테두리가 녹색으로 장식된 나무 접시였다.

"그거 맘에 들어?"

"응. 고향 거 똑같다."

라일라가 손가락으로 음식을 집어 먹는 시늉을 했다.

"고향 음식 맛있어."

라일라는 고향 음식들을 떠올렸다. 동네 사람들은 각자 집에서 만든 요리를 이슬람 성원으로 가져와 나눠 먹곤 했다. 라일라는 특히 파티마 엄마의 치킨 요리를 좋아했다. 닭고기, 양파, 감자, 파슬리를 볶은 후에 토마토소스를 곁들인 아그다 치킨 요리였다.

'하산은 어디에 있을까?'

라일라는 국경에서 헤어진 파티마의 남동생을 다시 생각했다. 지금쯤 하산이 안전한 나라에서 살고 있는지 걱정스러웠다. 하산도 라일라의 소식이 궁금할 것이다. 라일라 아빠가 교통사고로 세상을 떠났다는 걸 알면 하산은 아마도 펑펑 울 것이다.

라일라는 다가올 연극 공연을 생각했다. 고향을 떠났을 때 한나는 어떤 마음이었을까? 한나도 나처럼 슬프고 그리운 마음이 들었을까?

공연 시간이 점점 다가오고 있었다.

2학년 3반 아이들이 하나둘씩 체육실에 도착했다. 공연 30분 전이었다. 무대 뒤 대기실이 분주했다. 아이들이 대사를 중얼거리거나 의상과 분장을 점검했다. 으뜸이가 무대 커튼을 살짝 젖히고 객석을 살폈다.

"벌써 사람들 입장하고 있어."

"정말?"

몇몇이 달려가 객석을 내다봤다.

"우아! 떨려!"

"헐, 엄마, 아빠가 벌써 오셨어?"

라일라도 커튼을 젖히고 객석을 내다봤다. 라일라의 엄마는 아직 도착하지 않았다.

실내에 경쾌한 피아노 선율이 흐르고 있었다. 공연 전 관객의 주의를 환기하기 위해 들려주는 하우스 음악[14]이었다.

정각 2시가 되었다.

민지가 무대 위에서 마이크를 잡았다.

"안녕하세요. 연극 〈한나와 함께, 난민 친구와 함께!〉에 오신 걸 환영합니다. 저는 연출을 맡은 2학년 3반 이민지입니다."

함께 살아가는 세상

7

민지가 꾸벅 인사하자 박수가 터져 나왔다.

"오늘 저희 반은 특별한 연극을 준비했습니다. 한나 아렌트는 독일계 유대인 철학자입니다. 아렌트는 1933년부터 1951년까지 18년 동안 국적 없는 난민으로 살았습니다. 그래서 아렌트의 사상에는 난민의 경험이 밑바탕에 깔려 있습니다. 지금 저희도 난민 친구와 함께 생활하고 있습니다. 오늘 이 연극은 아렌트의 생애를 떠올리며 2학년 3반 친구들이 우정을 다짐하기 위해 마련했습니다. 그동안 열심히 준비했으니 실수가 있더라도 너그럽게 이해해 주세요. 감사합니다."

민지가 꾸벅 고개를 숙이자 우렁찬 박수 소리가 터져 나왔다.

드디어 연극이 시작되었다.

어두운 무대에서 뉴스를 알리는 시그널 음악이 들렸다. 조명이 켜졌다. 뉴스 앵커로 분한 대호가 첫 뉴스를 전했다.

앵커　여러분 안녕하십니까. 매년 6월 20일은 유엔이 지정한 '세계 난민의 날'입니다. 우리나라는 2001년부터 해마다 이날을 기념하고 있습니다. 그런데 이번 주에 한 중학교에서 난민을 주제로 한 연극이 상영된다고 합니다. 철학자 한나 아렌트의 생애와 사상을 조명하는 창작 연극이라고 하는데요. 학생들이 직접 대본을 쓰고 공연을 한 현장을 김한솔 기자가 다녀왔습니다. 김한솔 기자 나와 주세요!

한솔이가 무대 중앙으로 나왔다. 이어서 프로젝터 화면이 켜졌다. 한솔이가 연극에 대해 설명했다. 학급 회의, 대본 회의, 모둠별 연습, 최종 리허설 등 2학년 3반 아이들이 연극을 준비한 과정이 소개되었다. 마지막 화면에는 학급 단체 사진이 떴다. 리허설을 마친 아이들이 정면을 응시하며 손가락 하트를 날렸다.

다시 무대가 암전되었다.

제2장과 제3장은 독일 교실과 한국 교실 장면이었다.

#독일 교실의 점심시간.

학생들이 옹기종기 모여 대화를 나누고 있다. 한나는 혼자 앉아서 독서하고 있다. 반 아이들이 한나를 흘끔거린다.

학생 1   쟤는 괴짜야.

학생 2   그리스어로 연극 공연을 한대. 하여튼 못 말려.

학생 3   책벌레야. 항상 어려운 책만 읽어.

무대 왼쪽에서 남자 선생님이 등장한다. 선생님이 화난 얼굴로 한나를 노려본다.

선생님   감히 내 수업을 보이콧하다니. 도저히 용서할 수 없어. 이건

독일 교육 제도에 대해 도전장을 던지는 행위야. 저 아이는
혼쭐이 나야 해. 한나! 넌 이제 퇴학이야!

선생님이 무대 왼쪽으로 사라진다.
프로젝터 화면에 운동장 풍경이 나타난다. 한나가 운동장을 걷고 있다.

한나　　철학자 칸트도 나처럼 우리 동네에서 매일 산책을 했어. 산책
　　　　을 하면 복잡했던 머릿속이 가라앉고 정리가 돼.

한나가 걸음을 멈추고 독백한다.

한나　　난 누구에게도 복종하지 않고 비판적으로 생각하고 판단할 거
　　　　야, 그래야 나만의 삶의 방식을 찾을 수 있어.

중학생 한나 역할을 맡은 새봄이는 교복을 입고 갈색 가발을 썼다.
무대 위의 다른 학생들도 교복을 입고 있었다.

한국 교실 장면이 이어졌다. 한국에서 난민이 된 한나는 교실에
서 여전히 철학책을 탐독했다. 처음에 한나를 놀렸던 반 아이들은 차
츰 한나의 사고력과 말솜씨에 감탄했다. 정철학이 '공식 버디'가 되
어 한나를 도왔다. 한나는 서서히 학교생활에 적응했고 교내 토론 동

아리를 이끌게 되었다.

제4장은 1933년 독일 장면이었다.

암전된 무대에서 열광적인 환호가 들렸다.

조명이 켜지자 베를린 광장에 모인 군중이 화면에 나타났다. 군중이 열광적으로 박수를 쳤다. 광장의 연단에 히틀러가 등장하자 군중은 더욱 미친 듯이 환호했다. 허공을 향해 팔을 뻗으며 히틀러를 연호하고 감격에 겨워 눈물을 흘리는 사람들이 클로즈업되었다.

1933년에 촬영된 실제 영상이었다. 예상치 못한 장면에 다소 충격을 받은 듯 관객석이 조용해졌다. 관객들이 화면을 응시했다.

잠시 후 라일라가 무대에 등장했다. 올림머리에 드레스를 입은 라일라는 한나 아렌트의 실제 모습과 닮아 보였다. 라일라는 독백 부분을 모두 아랍어로 말했다. 라일라가 독백하면 화면에 한국어 자막이 떴다.

제4장과 제5장의 독일 장면이 차례로 이어졌다.

#독일 프로이센 주립 도서관.

도서관 출입증을 목에 건 한나가 열람실에서 신문과 잡지를 뒤적이고 있다. "더러운 유대인들", "유대인들은 물러가라!" 등의 글귀가 화면에 뜬다.

한나　(혼잣말로) 정말 어이가 없어. 같은 독일 시민인데 단지 유대인이라는 이유로 이렇게 노골적으로 차별하다니.

그때 스피커에서 전화벨 소리가 들린다. 통화 내용이 스피커로 울려 퍼진다. 안내 데스크의 사서가 나치 돌격대에 한나를 신고하고 있다.

사서　여기 수상한 여자가 있어요. 신문과 잡지의 내용을 수집하고 있는 것 같아요. 벌써 며칠째예요.

무대 앞쪽에 핀 조명이 켜진다. 요란한 사이렌 소리와 함께 나치 돌격대 대원들의 군홧발 소리가 들린다. 프로젝터 화면에 한나의 아파트가 보인다. 아파트는 비어 있다. 군홧발 소리가 더욱 커진다.

독일군 장교　철저히 수색해! 책이나 노트, 수첩도 빼놓지 말고 모조리 압수해!

대원 1　옛!

나치 돌격대 대원들의 군홧발 소리가 멀어진다.

#무대가 암전된 후 조명이 켜진다.

프로젝터 화면에 베를린 경찰청 건물이 보인다. 어머니가 초조하게 한나를 기다리고 있다. 한나를 발견한 어머니가 한나에게 달려간다.

마르타   (몸을 이리저리 살펴보며) 어디 다친 덴 없니? 몸은 괜찮아?

한나   전 괜찮아요. 하지만 지금 당장 독일을 떠나야 해요. 난 언제든 다시 체포될 수 있어요.

마르타   갑자기 고향을 떠나야 한다고? 오, 말도 안 돼!

한나   일단 집으로 가요. 엄마!

#프로젝터 화면에 오피츠 거리의 아파트가 보인다.

한나와 어머니가 서둘러 가방을 싸고 있다.

한나   짐은 간단히 챙기세요. 양손에 들 수 있을 정도로요.

마르타   오! 도대체 어디로 간단 말이냐?

한나   진정하세요. 엄마!

마르타   (불안한 얼굴로) 어디로 가는지 말해!

한나   (침착하게) 일단 걸어서 에르츠산맥을 넘을 거예요. 산맥 너머의 칼스바트는 독일과 체코의 국경선이에요. 거기서 한밤중까지 기다렸다가 국경을 넘어서 프라하로 갈 거예요.

마르타   우린 여행 증명서도 없어!

한나	걱정 마세요. 안내원들이 국경에 거점을 확보해 뒀어요.
마르타	불행 중 다행이구나!
한나	칼스바트에 독일인 가족이 운영하는 식당이 있어요.
마르타	그 사람들이 우리 같은 사람들을 도와주는 거냐?
한나	네. 선량한 사람들은 어디에나 있어요.
마르타	알았다. 그럼 서두르자.
한나	네, 엄마.

한나가 무대 앞쪽으로 걸어 나온다.

한나	(독백으로) 난 이제 고향을 떠나야 해. 고국을 떠나 낯선 곳을 떠도는 난민이 되는 거야. 내 존재의 뿌리가 통째로 뽑힐지도 몰라.

한나가 다시 어머니에게 걸어간다.

한나	자! 이제 출발해요, 엄마!

한나가 나치 돌격대에 고발당하는 장면에서는 객석에 팽팽한 긴장감이 흘렀다. 경찰청에 8일 동안 구금되었다가 풀려날 땐 여기저기

서 안도의 한숨이 흘러나왔다. 한나와 어머니가 무사히 파리에 도착하였다는 자막과 함께 제5장의 막이 내렸다.

연극의 피날레는 댄스 팀 공연이었다.

조명이 켜지자 댄스 팀이 무대 중앙에 서 있었다. 음악이 시작되었다. 방탄소년단의 〈친구〉가 울려 퍼졌다.

지현이가 이끄는 댄스 팀은 모두 6명이었다. 흰 티셔츠에 청바지를 맞춰 입은 아이들이 리듬에 따라 절도 있게 몸을 꺾었다. 목, 어깨, 가슴, 골반이 따로 움직였다가 부드러운 동작으로 다시 이어졌다.

관객석에 앉아 있던 학생들이 몸을 들썩들썩했다. 몇몇은 앉은 채 춤 동작을 따라 했다. 화면에 뜬 가사를 보며 관객들이 다 함께 노래를 불렀다.

내 옆에 함께 있어 줘
영원히 계속 이곳에 stay hey

댄스 공연이 끝나자 엄청난 환호성과 박수가 쏟아졌다. 휘파람 소리가 여기저기서 들렸다.

연극이 모두 끝났다.

출연자들이 차례로 나와서 무대 인사를 했다. 주인공인 라일라와 새봄이가 가장 큰 박수를 받았다. 담임과 한송이 선생님도 무대

인사를 했다. 마지막에 출연자들이 모두 손을 맞잡고 인사했다. 더 큰 환호와 박수가 울려 퍼졌다.

"오, 나의 사랑스러운 제자들아!"

무대 뒤에서 담임이 양팔을 벌리며 외쳤다.

"너희 모두가 주인공이었다. 정말 잘했어!"

감격에 벅찬 얼굴로 담임이 눈물을 글썽거렸다.

한송이 선생님도 아이들의 어깨를 일일이 두드리며 칭찬했다.

"오늘 너무 멋졌어! 고생했다!"

잠시 후 기념 촬영을 했다. 아이들은 무대를 배경으로 셀카와 단체 사진을 쉴 새 없이 찍었다. 사진을 함께 찍자는 요청이 배우들에게 쏟아졌다. 라일라와 새봄이가 단연 인기였다. 갈색 제복을 입은 으뜸이와 찬희도 인기를 끌었다.

"움미!(엄마!)"

라일라가 객석을 향해 뛰어갔다. 꽃다발을 손에 든 라일라의 엄마가 통로로 나왔다. 라일라가 엄마의 품으로 뛰어들었다.

"뭄타즈 아흐싼타!(정말 잘했어!)"

엄마가 라일라에게 속삭였다.

이맘이 두 사람에게 다가왔다. 이맘이 엄지를 치켜세웠다.

"오! 라일라, 대단해요!"

무대 쪽에서 민지가 소리쳤다.

"애들아! 연출부 단체 사진 찍자!"

연출부 아이들이 무대로 모여들었다. 크고 작은 꽃다발을 손에 들고 휴대폰 카메라를 향해 V자를 그렸다.

"라일라! 빨리 와!"

무대 위에서 아이들이 소리쳤다. 라일라가 친구들을 향해 뛰어 갔다.

[12] 한나 아렌트가 1925년에 쓴 이 시는 철학자 마르틴 하이데거(1889~1976)를 염두에 두
고 쓴 것이었다. 이 시의 전문은 다음의 책에 실려 있다. 엘리자베스 영-브릴 지음, 홍원
표 옮김, 《한나 아렌트 전기》, 인간사랑, 2007, 782쪽.

[13] '파리아'는 버림받은 사람, 또는 불가촉천민을 뜻하는 말이다. '의식적 파리아(conscious
pariah)'는 버림받은 자신의 상태를 자각하며 이러한 상황을 거부하면서 자신의 권리
를 쟁취하기 위해 노력하는 유대인을 가리킨다. 의식적 파리아는 원래 베르나르 라자르
(Bernard Lazare, 1865~1903)가 사용한 개념이었다. 아렌트는 1943년에 발표한 〈우리
난민들〉이라는 글에서 유대인 심성, 인류애, 유머, 사욕 없는 지성 등이 파리아의 자질이
라고 했다. 오늘날의 의미에서 '의식적 파리아'는 사회적으로 배제되고 차별받는 상황에
굴복하지 않고 인간으로서 권리를 찾기 위해 노력하는 사람들을 가리킨다고 할 수 있다.

[14] 연극이 시작되기 전, 관객의 주의를 집중시키기 위해 들려주는 음악이다. 주로 연극의 내
용과 연관 있는 음악이 흘러나온다.

라일라의 일기

아비!(아빠!)

오랜만에 아빠를 불러 보아요. 아빠는 지금 내 곁에 없지만 지금 이 순간 아빠를 가깝게 느낄 수 있어요. 아빠 턱수염을 만질 때 손바닥에 닿던 기분 좋고 까칠까칠한 감촉이 떠올라요. 눈썹과 두 눈과 구불구불한 머리카락도요.

내 손을 쥐었다 폈다 해요. 이 손바닥 안에 아빠의 감촉이 그대로 남아 있어요. 아빠와의 소중한 기억이 있어요.

아빠는 고향 속담을 자주 들려주었어요.

"왼손이 오른손의 도움을 필요로 하지 않도록 하라."

아빠는 내가 자립심이 강한 사람이 되어야 한다고 말했어요. 그런데 지난 1년 동안 나는 친구들의 도움에 의존했어요. 친구들에게 동정의 대상이 된다는 건 기분 좋은 일이 아니에요.

이 고향 속담을 반 친구들에게 얘기한 적이 있어요. 그랬더니 우정이는 전혀 다르게 속담을 해석했어요.

"왼손과 오른손은 서로 도와야만 해. 어차피 한 몸이니까."

민지는 또 다른 고향 속담을 검색했어요.

"한 손으로 박수 칠 수 없다."

그러면서 친구끼리는 서로 도와야 한다고 말했어요.

아빠가 내 친구들을 만나면 뭐라고 말할지 궁금해요. 우정이는 말수가 적고 생각이 많은 친구예요. 으뜸이는 반대예요. 생각보다 말이 먼저 튀어나와요. 짓궂을 때도 많지만 마음이 착한 친구예요. 민지는 항상 뭔가를 검색해요. 그래서 모르는 게 없는 척척박사예요. 찬희는 태권도를 엄청 잘해요. 틈만 나면 돌려차기 같은 멋진 태권도 시범을 보여 줘요.

반 친구들을 생각하면 저절로 웃음이 나요. 항상 티격태격하지만 하루라도 안 보면 서로 궁금해해요. 주말이나 공휴일에는 누군가 먼저 톡을 해요. 그러면 기다렸다는 듯이 너도나도 댓글을 달아요. 아빠가 계셨다면 친구들을 집으로 초대해서 일일이 축복의 말을 건넸을 텐데요.

아비!(아빠!)

드디어 연극 공연이 끝났어요. 지난 몇 달 동안 친구들은 정말 열심히 공연을 준비했어요. 이 연극은 친구들이 나를 위해 기획하고 만든 거예요. 난민이 위험한 사람이 아니라는 걸 사람들에게 알리고 엄마와 내가 추방당하지 않고 한국에서 살 수 있도록 돕기 위해서요.

"알함두릴라!(신의 은총에 감사를!)"

아빠의 목소리가 귓가에 들려오는 듯해요. 고향 어른들처럼 아빠도 항상 신의 은총에 감사를 드렸죠. 아빠가 방금 내 이야기를 들었다면 "알함두릴라! 알함두릴라!" 이렇게 거듭 감사드렸을 거예요.

우리 반이 연극을 한다는 소식은 여름 방학 전부터 교내에 알려졌어요. 내가 주인공 역할을 맡았다는 소식도요. 다른 학년, 다른 반 학생들이 날 구경하려고 교실로 찾아왔어요. 복도에서 유리창 안을 들여다보거나 교실로 들어와 말을 걸기도 했어요. 운동장에서 나랑 마주치면 기분 나쁜 표정으로 바닥에 침을 뱉거나 재빨리 뭐라고 지껄이며 지나가는 학생들도 있었어요.

그 아이들이 내뱉은 말을 다 이해하진 못해요. 하지만 내게 상처와 모욕을 주려는 의도라는 건 알 수 있어요. 의사소통은 표정과 눈빛만으로도 가능하니까요.

나와 엄마를 비난하는 사람들이 많다는 걸 알고 있어요.

나를 싫어하는 한국인들을 조금은 이해할 수 있어요. 우리는 다른 문화권에서 태어나서 살아왔으니까요. 하지만 이 지구상에 틀린 문화는 없어요. 틀린 문화가 아니라 다른 문화인 거예요.

아빠도 한번 상상해 보세요. 만약 우리 고향에 낯선 한국인 아이가 전학을 왔다면요? 그 아이가 화장실에서 대변을 본 후 물로 깨끗이 씻어 내지 않고 휴지로만 엉덩이를 닦아 내면요? 미스와크[15]를 자주 사용하지 않아서 음식물이 이 사이에 낀 채 돌아다니면요? 아마 고향 어른들은 그 한국인 아이를 꾸짖고 행동을 바로잡으려고 할 거예요. 그 아이에게는 자연스러운 행동이 고향 어른들에게는 불결하고 이상하게 보이는 거죠.

이곳에서 가끔 우울해질 때가 있어요. 사람들이 노골적으로 힐끔거릴 때 특히 그래요. 한국 방식으로 이렇게 해라 저렇게 해라 지적을 받으면 어디론가 숨어 버리고 싶어요. 그럴 땐 얼른 아빠의 기도문을 떠올려요.

"오, 하나님(알라)! 내 몸을 보호해 주시고, 내 귀를 보호해 주시고, 내 눈을 보호해 주소서. 당신만이 경배받을 가치가 있는 참된 신이십니다."

기도문을 떠올리면 마음이 가라앉아요.

엄마는 남몰래 눈물을 흘릴 때가 있어요.

새벽이나 늦은 밤에 혼자서 조용히 울어요. 하지만 엄마는 우는 모습을 내게 들키는 걸 원치 않아요. 저번에 내가 "엄마 울어?" 하고 물었더니 얼른 눈물을 닦고 고개를 흔들었어요.

엄마는 내게 약한 모습을 보이기 싫은 거예요. 내가 친구가 아니라 자식이라서요. 빨리 어른이 되고 싶어요. 내가 성인이 되면 그땐 엄마의 친구가 될 수 있을 거예요. 기쁨과 슬픔을 함께 나누는 그런 친구 말이에요. 엄마도 나처럼 친구들이 생겼으면 좋겠어요.

아빠가 세상을 떠난 후 엄마는 충분한 애도 기간을 갖지 못했어요. 하지만 아빠도 이해할 거라고 엄마는 말했어요. 제주도의 아빠 묘소를 엄마와 내가 자주 찾아갈 수 없는 것도 다 이해할 거라고요.

집 근처에 마스지드(이슬람 성원)가 있어서 정말 다행이에요. 엄마는 하루에 한 번은 꼭 마스지드로 달려가요. 점심 장사를 마친 후 오후 예배 시간이 되면 여성 기도실로 올라가서 예배를 드려요.

마스지드에 가면 다양한 사람들을 만날 수 있어요. 산업 단지에서 일하는 아저씨들이 가장 많아요. 한국으로 유학 온 대학생 언니와 오빠들도 있어요. 대학교에서 아랍어를 강의하는 여자 교수님도 자주 만나요.

마스지드에는 수많은 사람들이 들락날락해요. 특히 휴일인 금요일에는 하루 종일 사람들로 북적거려요. 금요일의 예배 시간에는 1층과 2층의 기도실이 꽉 차요. 어느 땐 복도와 출입문까지 사람들이 빼곡히 들어차요.

그런데 이곳에서는 동네에 아잔이 울려 퍼지지 않아요. 금요일의 예배 시간에도 아잔 소리를 들을 수 없어요. 근처에 사는 한국인들을 배려하기 위해서라고 해요. 성스러운 아잔 소리도 누군가에는 시끄러운 소음으로 여겨질 수 있으니까요.

엄마는 마스지드에 있을 때 가장 행복해 보여요. 허리를 숙인 후 바닥에 엎드려 기도하는 엄마를 보면 내 마음도 평온해져요. 여성 기도실에서 만나는 아주머니들은 모두가 친절해요. 나를 보면 학교생활은 어떤지, 친한 친구는 누구인지 꼭 물어봐요. 예배가 끝나면 엄마는 아주머니들과 함께 여성 생활관으로 가요. 거기서 음식을 나눠 먹으면서 밀린 대화를 나눠요.

아비!(아빠!)

연극이 끝난 후에도 반 친구들은 여전히 바빠요. 학교와 동네 주변을 돌며 탄원서에 서명을 받고 있어요. 어떤 날은 손 피켓을 들고 법원이나 출입국 관리소 정문 앞에 서 있기도 해요. 연극 공연 영상은 유튜브에 올렸어요. 나는 친구들과 거리에 나가지는 않아요. 교실에서 가위로 종이를 자르거나 색칠하는 일을 해요.

내가 가장 좋아하는 연극 대사는 이거예요.

"세상이 변하고 있어. 지금이야말로 의식적 파리아로서 실천하고 행동해야 할 시기야."

한나는 의식적 파리아가 되고 싶어 했어요. 힘들고 어렵지만 인간으로서 권리를 찾기 위해 노력하는 사람이 의식적 파리아예요. 나도 그런 사람이 되고 싶어요. 반 친구들도 내가 어려움 속에서도 당당하게 권리를 찾으며 살아가길 원할 거예요.

아비!(아빠!)

오늘은 마음이 너무 아파요. 고향 친구들은 모두 무사할까요? 먹을 음식은 충분할까요? 밤에는 지붕이 있는 집에서 잠을 잘까요? 고향의 전쟁은 언제까지 계속되는 걸까요?

오늘 학교에서 돌아오자마자 엄마가 일하는 식당으로 갔어요. 엄마의 휴식 시간이었어요. 엄마가 휴대폰으로 아랍어 뉴스를 시청하고 있었죠. 그런데 내가 가까이 가자 엄마가 얼른 화면을 꺼 버렸어요. 나에게 보여 주고 싶지 않았던 거예요.

하지만 나도 이미 아는 뉴스였어요. 고향에서 어린이들이 많이 죽었다는 기사가 한국 신문에도 실렸어요. 민지의 휴대폰으로 뉴스를 봤을 때 큰 충격을 받았어요. 얼어붙은 내 얼굴을 보고 민지도 깜짝 놀랐어요.

"쏘리!"

민지가 얼른 휴대폰을 닫았어요. 민지는 다시 한 번 미안하다고 했어요. 하지만 민지의 잘못이 아니란 걸 나도 알고 있어요.

고향의 항구는 항상 정부군과 반군의 격전지였어요. 폭격으로 건물이 부서지고 사람들이 매일 죽거나 다쳤어요. 전쟁은 지금도 계속되고 있어요. 유엔의 중재로 휴전 협정이 체결됐지만 지켜지지 않고 있어요. 휴전 협정이 유지되면 고향 사람들이 구호물자를 받을 수 있을 텐데요.

아랍에미리트를 방문한 프란치스코 교황님은 이런 기도를 했어요.

"신을 향한 믿음은 우리를 하나가 되게 하지, 분열시키지 않는다."[16]

교황님이 이슬람 국가에 가서 전쟁을 멈춰야 한다고 기도한 거예요.

우리는 같은 신을 믿고, 같은 신에게 기도해요. 그런데 왜 형제자매를 죽이는 전쟁을 계속하는 걸까요? 왜 어린아이들을 죽음으로 몰아넣는 걸까요?

아비!(아빠!)

지금 아빠가 옆에 있다면 뭐라고 했을까요. 아마 함께 기도하자고 했을 것 같아요.

'하나님(알라)이 모든 걸 보살펴 주실 거야.'

아빠의 음성이 귓가에 들리는 것 같아요.

아빠에게 이렇게 글을 쓰면 마음이 가라앉아요. 아빠는 분명히 내 얘기에 귀를 기울일 테니까요. 내가 아빠를 그리워하듯이 아빠도 나를 보고 싶어 할 테니까요.

아빠를 볼 수 없다는 게 아직도 믿어지지 않아요. 엄마와 나는 매일 아빠를 생각해요. 엄마는 마스지드에서, 나는 일기장에 글을 쓰면서 아빠를 위해 기도해요.

잘 자요, 아빠!

[15] 미스와크(miswak)는 아랍 문화권에서 흔히 사용하는 구강 청결용 나무이다. 이 나무의 가느다란 가지를 이로 씹거나 이 사이를 훑어 내리며 입 안을 청소한다. 요즘에도 아랍인들은 치약과 칫솔 이외에 미스와크를 자주 사용한다.

[16] 프란치스코 교황은 역대 교황 중 처음으로 아라비아반도에 위치한 아랍에미리트를 방문했다(2019년 2월 3일~5일). 라일라가 기억하는 이 문장은 당시 교황이 아랍에미리트 국민들에게 보낸 영상 메시지 중 일부이다.

에필로그

부록

한나 아렌트 소개
(Hannah Arendt, 1906~1975)

한나 아렌트는 1906년 10월 14일 독일 하노버 근교의 린덴에서 태어났다. 아버지 파울 아렌트는 알베르티나대학교에서 공학 학사 학위를 받았고, 어머니 마르타 콘은 파리에서 3년 동안 프랑스어와 음악을 공부했다. 사회주의를 받아들인 동화된 유대인 부모 아래에서 자란 아렌트는 자유롭고 독립적으로 성장했다. 어머니 마르타는 로자 룩셈부르크를 존경하였고 아렌트 역시 깊은 영향을 받았다.

15세에 아렌트는 수업 거부를 주도하여 고등학교에서 퇴학당했다. 이후 청강생 신분으로 베를린대학교에서 신학, 그리스어, 라틴어 등을 공부했다. 1924년에 대학 입학 자격시험에 합격했고 그해 가을에 18세의 나이로 마르부르크대학교에 입학했다. 아렌트는 당시 《존재와 시간》을 집필 중이던 마르틴 하이데거의 지도하에 철학을 공부하면서 그와 연인 관계가 되었다. 이후 하이델베르크대학교로 옮겨서 칼 야스퍼스의 가르침을 받아 〈아우구스티누스의 사랑 개념〉으로 박사 학위를 받았다.

1930년대 초에 베를린에서 활동했던 아렌트는 라헬 파른하겐 전기를 집필하고 있었다. 아렌트가 본격적으로 유대인 문제에 관심을 기울이던 시기였다. 당시에 아렌트는 시온주의자이자 아버지의 오랜 친구인 쿠르트 블루멘펠트의 요청으로 반유대주의를 선동하는 기사와 선전물을 수집하였다. 이 활동으로 나치 돌격대에 체포되어 베를린 경찰청에 8일 동안 구금되었다가 풀려났다. 1933년에 나치의 박해를 피해 독일 국경을 넘어 프라하와 제노바를 거쳐 파리에 도착했다.

파리에서 아렌트는 '청년 알리야(Youth Aliyah)'라는 단체에서 서기로 일하며 유대인 청소년들을 위해 일했다. 시온주의 단체인 '청년 알리야'는 나치 독일의 박해로부터 유대인 청소년들을 구해 팔레스타인에 정착시키는 활동을 했다. 독일이 프랑스를 침공한 1940년 5월에 아렌트는 '적국에 속한 외국인'으로 분류되어 프랑스 귀르 집단 수용소에 감금되었다. 당시 유대인이 처한 아이러니한 상황을 가리켜서 훗날 아렌트는 '적(나치 독일)에 의해서는 강제 수용소에, 친구(프랑스인)에 의해서는 집단 수용소에' 보내졌다고 말했다. 1940년 6월, 독일이 파리 시내를 점령하고 전국이 혼란에 빠지자 아렌트는 극적으로 귀르 집단 수용소를 벗어났다. 이후 마르세유에서 기차를 타고 포르투갈의 리스본으로 갔고 1941년 5월에 미국 뉴욕에 도착했다.

아렌트는 뉴욕에서 여러 출판사와 잡지사에서 편집자와 책임자로 일했고 왕성하게 글을 발표했다. 1951년에《전체주의의 기원》을 출간하여 학계와 지성계의 주목을 받았다. 같은 해에 미국 시민권을 취득했고 이후 프린스턴대학교, 버클리대학교 등에서 사회 이론과 철학을 강의했다. 이후 출간된 주요 저작으로《인간의 조건》(1958),《혁명론》(1963),《예루살렘의 아이히만》(1963),《어두운 시대의 사람들》(1968),《폭력론》(1970) 등이 있다.

전체주의의 발생 요인이 '무사유'와 '정치적 행위 능력 상실'에 있다고 파악한 아렌트는《인간의 조건》에서 '노동', '작업'과 구별되는 '행위'의 긍정적 가능성을 강조한다. 행위란 동등한 사람들이 토론과 논의를 통해 서로의 입장과 의견을 조율하는 과정이다. 서로의 차이를 좁히기 위해 의견을 주고받는 과정이 행위이며 이때 행위는 복수성(plurality)을 기반으로 한다. 복수성이란 동등하고 차이를 지닌 다수의 사람들이 이 세상을 함께 살아가는 것을 말한다.

《예루살렘의 아이히만》에서 언급한 '악의 평범성' 개념은 뜨거운 논쟁과 더불어 주목을 끌었다. 만약 인간이 사유하고 말하고 공감하는 능력을 갖추지 않는다면, 사회 체제에 순응하는 평범한 사람일지라도 아이히만이 그랬던 것처럼 반인륜적 범죄를 저지를 수 있다는 게 아렌트의 경고이다.

아렌트는 인간이 스스로 사유하고 판단하며 행위해야 한다고 믿었다.

1970년대에 아렌트는 사유, 의지, 판단의 정신적 활동에 대해 활발하게 강의하고 집필했다. 하지만 총 3부작으로 기획한 원고를 완성하지 못하고 1975년 12월 4일 심근 경색으로 세상을 떠났다. 이 미완성 원고는 오랜 친구이자 동료였던 메리 매카시가 정리했고, 이후《정신의 삶》(1978)으로 출간되었다.

한나 아렌트의 생애

1906

10월 14일, 독일 하노버 근교에서 아버지 파울 아렌트와 어머니 마르타 콘 사이에서 외동딸로 태어났다. 어머니는 출산일부터 〈우리 아기〉라는 육아 일기를 썼다. 이후 쾨니히스베르크에서 어린 시절을 보냈다. 아렌트 가족은 독일 사회에 동화된 유대인들이었다.

1913

3월에 할아버지 막스 아렌트가 사망했고, 오랜 투병 끝에 10월에 아버지 역시 세상을 떠났다.

1920

2월에 어머니가 베어발트와 재혼했다. 아렌트는 베어발트 집안 가족과 함께 살았다. 평생 동안 우정을 나눈 친구, 안네 멘델스존을 만났다.

1921

고등학교에서 퇴학당한 후 베를린대학교에서 신학, 그리스어, 라틴어 등을 청강하며 공부하기 시작했다.

1924

대학 입학 자격시험에 합격한 후 마르부르크대학교에 입학하였다. 마르틴 하이데거의 철학 강의를 들으며 가까운 관계가 되었다.

1929

하이델베르크대학교에서 〈아우구스티누스의 사랑 개념〉이란 논문으로 박사 학위를 받았다. 지도 교수인 칼 야스퍼스와는 평생 동안 지적 교류를 했다. 9월에 첫 남편 귄터 슈테른과 결혼했다.

1930

라헬 파른하겐 전기를 집필하기 위해 자료 조사와 연구를 시작했다. 아렌트는 이후 1958년 런던에서 《라헬 파른하겐: 한 유대인 여성의 삶》을 출간했다.

1933

1월에 히틀러가 수상으로 취임했고 2월에 베를린의 제국의회 의사당이 방화로 소실되었다. 아렌트는 쿠르트 블루멘펠트의 요청으로 프로이센 주립 도서관에서 반유대주의를 선동하는 기사와 선전물을 수집하였다. 이 활동으로 나치 돌격대에 체포되어 베를린 경찰청에 8일 동안 구금되었다가 풀려났다. 이후 아렌트는 독일 국경을 넘어 프라하와 제노바를 거쳐 파리에 도착했다.

1935

파리의 '청년 알리야(Youth Aliyah)' 단체에서 서기로 일하며 유대인 청소년들을 위해 일했다. 시온주의 단체인 '청년 알리야'는 나치 독일의 박해로부터 유대인 청소년들을 구해 팔레스타인으로 정착시키는 활동을 했다.

1937

첫 남편 귄터 슈테른과 이혼했다.

1940

두 번째 남편 하인리히 블뤼허와 결혼했다. 5월에 독일이 프랑스를 침공하자 아렌트는 다른 유대인 여성들과 함께 귀르 집단 수용소에 감금되었다. 6월에 독일군이 파리를 점령한 후 수용소가 혼란에 빠지자 석방 허가서를 얻어 내어 그곳을 벗어났다. 또 다른 수용소에 갇혀 있던 남편 블뤼허와 모뷔송에서 극적으로 재회했다.

1941

프랑스 남부 마르세유에서 기차를 타고 포르투갈의 리스본에 도착했다. 리스본에서 증기선을 타고 5월에 뉴욕에 도착했다. 이후 독일어 신문인 《재건(Aufbau)》 등에 글을 기고하였고 이듬해에 브루클린대학교에서 강의를 시작했다.

1944

'유럽유대인문화재건위원회'에서 활동하기 시작했고 이후 실무 책임자로 일했다. 여러 잡지와 출판사에서 편집자와 책임자로 일하면서 비평과 논문을 발표했다.

1945

《전체주의의 기원》 집필을 시작했다.

1948

7월에 어머니 마르타가 세상을 떠났다.

1951

《전체주의의 기원》을 출간했다. 미국 시민권을 취득했고 이후 프린스턴대학교, 버클리대학교 등에서 사회 이론과 철학을 강의했다.

1958

《인간의 조건》을 출간했다.

1959

독일 함부르크시에서 수여하는 레싱상을 받았다. 독일 극작가 고트홀트 레싱 (1729~1781)을 기리기 위해 제정된 레싱상은 자유롭고 독립적인 사유와 정신을 대표하는 한나 아렌트를 첫 번째 수상자로 선정했다. 같은 해에 프린스턴대학교 교수로 임용되었다.

1960

5월에 아돌프 아이히만이 이스라엘 정보기관 모사드에 의해 아르헨티나에서 체포되었다. 아이히만은 이스라엘로 송환되어 공개 재판을 받기 시작했다. 아렌트는 《뉴요커》 잡지의 기고자 자격으로 아이히만의 재판을 참관했다.

1961

《뉴요커》에 아이히만 재판 참관 기사를 5번에 걸쳐서 연재하였다. 아이히만은 1962년 6월 1일 이스라엘에서 교수형에 처해졌다. 《과거와 미래 사이》를 출간했다.

1963

《혁명론》, 《예루살렘의 아이히만》을 출간했다. 시카고대학교에서 연구하며 강의했다.

1968

《어두운 시대의 사람들》을 출간했다.

1970

《폭력론》을 출간했다. 10월에 남편 블뤼허가 세상을 떠났다.

1972

《공화국의 위기》를 출간했다.

1975

유럽 문명에 기여한 공로로 덴마크 정부가 수여하는 소닝상을 받았다. 12월 4일
뉴욕의 아파트에서 심근 경색으로 세상을 떠났다.

1978

오랜 친구이자 동료였던 메리 매카시에 의해 《정신의 삶》이 출간되었다.

1. 난민은 어떤 사람일까요? (1장, 2장 참고)

2. 유대인 아렌트는 독일에서 어린 시절부터 쭉 박해를 받았나요? (7장 참고)

3. 1933년 독일을 탈출해서 프랑스에서 생활하던 아렌트는 1940년에 프랑스의

    집단 수용소에 갇히고 맙니다. 아렌트가 프랑스 정부에 의해 집단 수용소에

    감금된 이유는 무엇이었을까요? (3장 참고)

4. 아렌트는 1930년대 초에 라헬 파른하겐 전기를 집필하면서 '의식적

파리아'에 대해 생각하고 자각하게 됩니다. '의식적 파리아'는 어떤

사람일까요? (7장 참고)

5. 미래중학교 2학년 3반 급훈은 '생각하는 사람의 미래는 밝다.'입니다.

담임은 "스스로 생각하고 판단하지 않으면 자신도 모르게 악을 행할 수

있습니다."라고 말하지요. 이 급훈은 아렌트의 사상에 근거한 것입니다.

그렇다면 아렌트는 스스로 생각하고 판단하는 일이 왜 중요하다고

여겼을까요? (3장, 5장 참고)

6. 정치란 무엇일까요? 학급 회의도 정치 행위일까요? (3장 참고)

7. 아렌트는 '우정의 천재'라고 불렸습니다. 아렌트가 생각하는 우정이란 어떤
것일까요? (2장, 4장 참고)

1. 난민은 '인종, 종교, 국적, 특정 사회 집단의 구성원 신분, 또는 정치적 견해'로
   인해 국적국의 보호를 받을 수 없거나 보호받기를 원하지 아니하는 외국인을
   말합니다. 한나 아렌트는 무려 18년 동안이나 난민으로 살았습니다.
   1933년, 나치 치하의 독일을 떠난 이후 1951년에 미국 시민권을 얻기까지의
   기간입니다. 당시 독일의 제3 제국에는 거주 지역을 떠난 모든 유대인들은
   자동적으로 시민권을 상실한다는 법이 있었습니다. 유대인 아렌트는 독일을
   떠난 순간 독일 시민권을 상실한 것입니다.

2. 아렌트는 어렸을 때 자신이 유대인이라는 생각을 별로 하지 않았습니다.
   아렌트의 부모는 독일 사회에 동화된 유대인이었기 때문에 유대교 예배당에
   가거나 전통적 생활 방식을 고집하지 않았습니다. 하지만 어린 시절에
   아렌트는 친구들로부터 조롱 섞인 "유대인! 유대인! 유대인!"이라는 외침을
   들었습니다. 그때마다 어머니는 이렇게 말했습니다. "만약 유대인이라서
   공격받으면 유대인으로서 방어해야 해." 어머니는 유대인으로서의 정체성을
   당당하게 지녀야 한다고 가르쳤습니다.
   20세기 초반에 '유대인'이라는 말은 사회적 차별과 배제를 의미하는

용어였습니다. 그러므로 아렌트 어머니가 한 말은 소수자가 자신의 정체성을 지키면서 차별과 배제에 대항해야 한다는 의미로 해석할 수 있습니다. 다음 문장의 밑줄 친 부분에 오늘날 소수자를 의미하는 다른 단어들(소수 민족, 장애인, 난민, 성 소수자, 팔레스타인인 등)을 넣어서 생각해 볼 수 있습니다.

"만약 _____ 이라서 공격받으면 _____ 으로서 방어해야 해."

3. 1940년, 독일이 프랑스를 침공했을 때 아렌트는 '적국에 속한 외국인'으로 분류되어 귀르 집단 수용소로 보내집니다. 프랑스 정부는 아렌트 같은 유대인들도 적국인 독일 출신이니 위협이 된다고 여긴 것이지요. 아렌트는 이후에 '적(나치 독일)에 의해서는 강제 수용소에, 친구(프랑스인)에 의해서는 집단 수용소에' 보내졌다고 말했습니다. 하지만 아렌트는 극적으로 귀르 집단 수용소를 벗어납니다. 이후 마르세유에서 기차를 타고 포르투갈의 리스본을 거쳐서 1941년 5월에 미국 뉴욕에 도착합니다. 영어도 서툴고, 돈도 직업도 없는 상태로 아렌트는 또다시 낯선 나라에서 난민이 되었습니다.

4. '파리아'는 버림받은 사람, 또는 불가촉천민을 뜻하는 말입니다. '의식적 파리아(conscious pariah)'는 버림받은 자신의 상태를 자각하며 이러한 상황을

거부하고 자신의 권리를 쟁취하기 위해 노력하는 유대인을 가리킵니다. 의식적

파리아는 원래 베르나르 라자르(Bernard Lazare, 1865~1903)가 사용한

개념이었습니다. 아렌트는 1943년에 쓴 〈우리 난민들〉이라는 글에서 유대인

심성, 인류애, 유머, 사욕 없는 지성 등이 파리아의 자질이라고 했습니다.

오늘날의 의미에서 본다면 의식적 파리아는 사회적으로 배제되고 차별받는

상황에서도 이에 굴복하지 않고 인간으로서 권리를 찾으려고 노력하는

사람들을 가리킨다고 할 수 있습니다.

5. 아렌트는 만약 인간이 스스로 사유하는 능력을 갖추지 못한다면, 비록

평범한 사람이라고 할지라도 반인륜적 범죄를 저지를 수 있다고 경고합니다.

아렌트는 사유할 수 없는 상태, 즉 '무사유'를 '악'으로 간주했습니다. 이러한

사상은 《예루살렘의 아이히만》에 잘 드러나 있습니다.

수백만 명의 유대인들을 학살한 아돌프 아이히만은 아르헨티나에서 숨어

살다가 1960년에 이스라엘의 비밀 정보기관 모사드에 의해 체포되었습니다.

아이히만이 이스라엘로 이송되어 재판에 회부된다는 뉴스를 들은 아렌트는

예루살렘으로 가서 재판 과정을 취재하기로 결심합니다. 재판이 끝나고 1년

후 아렌트는 잡지 《뉴요커》에 글을 실었습니다. 그리고 이후에 《예루살렘의 아이히만》을 발간했습니다.

《예루살렘의 아이히만》에서 아렌트는 아이히만이 괴물이나 악마 같은 특별한 유형의 인간이 아니라고 말합니다. 특별하기는커녕 상관의 지시를 잘 따르고 근면하게 업무를 수행한 평범한 관료라고 파악했습니다. 그런데 무엇이 아이히만을 유대인 학살의 주범으로 만들었을까요? 바로 이것이 아렌트가 이 책에서 던진 중요한 질문입니다.

나치 치하에서 유대인 학살은 히틀러의 명령에 따라 시행된 정부 정책이었습니다. 반인륜적 범죄가 법의 테두리 안에서 일어난 것입니다. 이런 상황에서 비판적으로 사고하거나 판단하지 않고 무조건 상부의 지시에 복종한 결과 아이히만은 유대인 학살의 주범이 된 것입니다. 그래서 아렌트는 스스로 (생각하고 비판적으로 사고하는) 사유 능력을 갖추어야 한다고 말합니다. 비록 자신의 생각과 사고가 다수의 의견과 다르다고 할지라도 그렇습니다.

6. 정치는 동등한 사람들이 각자의 의견을 말로써 조율하고 합의하는 과정입니다. 학교에서 하는 학급 회의가 대표적인 정치 행위입니다. 학급

회의에서 안건을 내고, 자유롭게 의견을 말하고, 서로의 의견을 조율한 후 투표를 통해 결론에 이르는 과정 자체가 정치입니다.

사람은 자신의 입장이나 위치에 따라서 다른 의견을 갖습니다. 모든 사람은 기본적으로 동등하지만, 각자 차이를 갖게 됩니다. 나와 동등한 권리를 갖고 있지만 차이를 지닌 다른 사람들과 이 세상에서 함께 살아가는 상황을 한나 아렌트는 '인간의 조건' 중 하나라고 보았습니다. 그리고 이것을 '복수성(plurality)'이라고 불렀습니다. 복수성이란 한 사람이 아니라 다수의 사람들이 지구상에서 공존하며 살아가는 걸 말합니다. 아렌트가 《인간의 조건》에서 설명한 내용입니다. 즉 다양한 사람들이 서로 다른 의견을 갖는 것이 복수성이고 인간의 조건입니다.

그렇다면 각자 다른 입장과 의견은 어떤 방식으로 조정해서 결론에 도달해야 할까요? 아렌트는 옛 그리스의 도시 국가, '폴리스(polis)' 방식에 주목했습니다. 폴리스는 정치(politics)라는 단어의 어원이기도 합니다.

그리스의 폴리스에서는 평등한 시민들이 다 함께 공개적인 장소에서 언어를 사용하여 서로 다른 의견을 조정하는 절차를 가졌습니다.

7. 한나 아렌트는 친구들 사이에서 '우정의 천재'라고 불렸습니다. 아렌트의 친구인 한스 요나스가 아렌트의 장례식에서 한 말입니다. 아렌트는 우정이란 대화를 통해서 형성되는 것이라고 보았습니다. 서로 동등한 사람들이 대화를 통해 형성하는 것이 우정입니다. 그러므로 우정은 너와 내가 서로 다르다는 사실, 즉 차이를 전제로 합니다. 친구들끼리 각자의 차이에 대해 이야기하고 때로는 논쟁을 거치는 것이 우정을 쌓는 과정입니다. 아렌트는 모든 사람들에게 통용되는 진리란 존재하지 않는다고 생각했습니다. 사람들이 각자 생각하는 진리가 다르기 때문입니다. 아렌트는 서로 간의 끊임없는 대화를 통해 우정이 형성된다고 보았습니다.